JN016380

بداهه نوازی در موسیقی سنتی ایران

イラン伝統音楽の
即興演奏

声・楽器・身体・
旋法体系をめぐる相互作用

تعامل میان آواز، ساز، بدن و سیستم مدال

谷 正人
Tani Masato

Stylenote

はじめに

　本書は、これまでイラン伝統音楽の即興演奏を研究してきた筆者
が、自ら即興の実践を行い試行錯誤するなかで得た様々な知見をもと
に考察を行ったものである。以下にその経緯を記したい。
　イラン音楽の即興演奏はダストガー dastgāh دستگاه ^{注1} と呼ばれる旋
法体系に基づいている。イランに生まれ育ったわけでもなく二十歳頃
になって異文化としてこの音楽と出会い学び始めた筆者にとって、こ
のダストガーという規範を理解・解明することは何よりもの優先課題
であった。その成果のひとつは前著『イラン音楽――声の文化と即
興』（青土社、2007）だが、そこでは「音楽を視覚的に捉えない（楽譜
を介さない）メンタリティ」に着目しながら、学習者がどのようにダ
ストガー像を形成し即興演奏を行っているのかについて考察した。こ
の研究を含めてこれまで筆者は、演奏をするという経験のなかから研
究テーマを導き出してきたが、その後筆者にとって「演奏する自分」

注1　ダストガーとは一般的には「体系」や「組織」あるいは「装置」などの意味を持つが、音
　楽用語として用いられる場合には「旋法」の意味を持つ。イラン伝統音楽の旋法は十二種類あり、
　それはさらに主要な七つのダストガー――シュール shūr دستگاه شور、セガー segāh دستگاه سه‌گاه、
　ホマーユン homāyun دستگاه همایون、チャハールガー chahārgāh دستگاه چهارگاه、マーフール māhūr
　دستگاه ماهور、ナヴァー navā دستگاه نوا、ラースト・パンジュガー rāst-panjgāh دستگاه راست‌پنجگاه
　――と五つの副次的な旋法―― バヤーテ・トルク bayāt-e tork آواز بیات ترک、アブー・アター
　abu'atā آواز ابوعطا、アフシャリー afshārī آواز افشاری、ダシティ dashtī آواز دشتی、バヤーテ・エスファ
　ハーン bayāt-e esfahān آواز بیات اصفهان――とに分類される。
　　五つの副次的な旋法のうち、最初の四つはシュール旋法より派生したものとされ、同様にバ
　ヤーテ・エスファハーンはホマーユン旋法より派生したものとされている。そしてこれら五つ
　の派生的旋法は、主要なダストガーと区別するためにナグメ naghmeh نغمه（原義は「旋律」）あ
　るいはアーヴァーズ（原義は「声」）と呼ばれる。
　　ダストガーがイラン伝統音楽を営む上での決まりごとについての観念的総体を指すのに対
　し、後述のラディーフは、その具体的表れ（音楽家による解釈の一例）と見ることができる。

4

はますます重要性を増すこととなった。なぜなら前著においてイラン伝統音楽を「先人達のラディーフ radīf ردیف 注2 から自らのラディーフを生み出すという不断の営み」［谷 2007:49］と述べたように、年を追うごとに筆者のなかでは、演奏者としてダストガーという規範を自由に使いこなし自らの音楽としてもっと即興演奏を行えるようになりたいという思いが強くなっていったからである。そして研究者としても、その習得プロセスなどの経験の内実を何とか言語化したいと考えてきた。

　一般的には、研究者が自らを研究対象とすることは批判の的となりがちである。対象から客観的な距離が取れない、過度な一般化が生じやすい、サンプル数が少なすぎる、などがその理由となるだろう。しかしその一方で、ダストガーを自分のものとして使いこなしたいと切に希求する立場だからこそ浮かび上がってくる、徹底的に具体的な問いがそこにはある。

　「即興演奏に際し、音楽家はどの程度多層的な引き出しを、どのような具体的な手掛かりや選択肢を持っているのか？」「その引き出しや手掛かりは、演奏する楽器によってどの程度異なるものなのか？そもそも、自分が弾いたことがない（≒既知の楽器とは異なった身体性を持つ）楽器を通して経験するイラン音楽の世界とはどのようなものだろうか？」「演奏のその瞬間に古典詩の韻律はどう関わっているのか？」

　こうした問いは、「未知の世界に参入しようとする自分」「なかなか上達しなかった自分」を立脚点とするからこそ、類似の悩みを抱える

注2　ラディーフとはダストガーの具体的表れとなる伝統的旋律型群の総体で、その伝承者（解釈者）によって「誰々のラディーフ」と呼ばれ、複数存在する。グーシェ gūshe گوشه と呼ばれる小旋律型あるいは小曲によって組織される。より詳細には『イラン音楽——声の文化と即興』を参照。

ものにも役立つ問いとなる。サントゥール santūr سنتور [注3] 奏者かつイラン音楽研究者としての立場も持つ筆者が、自らをサンプルにすることの意義はここにある。さらにこうした、一般的な研究者からすればあまりにも特殊・個別的とされかねない問いやそれに対する答えは、残念ながら音楽家たちの間ではあまり言語化されておらず、だからこそ即興演奏を目指すものにとっては、非常に有益な情報なのである。

　そうした「一人称」の目線に立ったとき、なぜ即興演奏が思うようには上達しないのか、その要因について筆者には思い当たる節があった。それは、自分にはサントゥールについての経験は長くあるが、逆にいえばそれしかないという点であった。確かに、後述するように、即興演奏や音楽創りのためには、それまで行っていたような、ある特定の楽器のレッスンを受けるだけでは全く不十分なのである。

　例えば、イラン音楽はペルシア古典詩と密接な関係を持っており、その韻律や世界観を理解する機会はまた別に確保する必要がある。またそれをアーヴァーズ āvāz آواز（声）[注4] として実際に歌うことは、器楽奏者にとっても音楽表現の観点から、ある一定の経験や技量としてあったほうが望ましい。

　またダストガーという旋法体系を理解するためにはラディーフを学ぶ必要があるが、そのルーツとされているミルザー・アブドッラー

注3　サントゥールとは、台形の共鳴胴の上にコト状に弦を張りめぐらせた打弦楽器。基本的なタイプは18駒（縦9駒×2列）72弦タイプのもので、細いバチを両手に打奏する。胴体は胡桃で弦は低音が「真鍮＋銅」製、中・高音が鋼鉄製の金属弦である。ひとつの駒の上に同音に調律された四本の弦が配置され、音量や音の厚みを増す効果を持たせている。音を止める機構はなく、多くのいわゆる解放弦の響き・余韻が重なり合い、倍音豊かな独特の響きを醸し出す。こうした弦をバチで打つタイプの楽器はオリエントに広く見られる。

注4　アーヴァーズは非常に多義的な用語で、大きく以下の意味で用いられる。
　　1．歌・声楽
　　2．「無拍」のリズム様式
　　3．イラン音楽の十二旋法のうちの副次的な五旋法
　このうちの1と2を不可分に用いる場合も少なくない。

6

Mirzā Abdollāh ميرزا عبدالله فراهانى (1843–1918) 注5 伝承のラディーフは、タール tār تار 注6 やセタール setār سه تار 注7 という撥弦楽器を前提として体系化されている。しかし例えばサントゥール用に編纂されたラディーフは、サントゥールの構造上の限界から、タールやセタール用のそれと比べると簡素化せざるを得ず、結果として学ぶべきグーシェが削られ、モードギャルディ modgardi مدگردی（ある旋法から別の旋法へ移動すること）という、即興演奏を行う際の大きな選択肢が不開示となるのである。また第4章で詳述する通り、タールやセタールあるいは擦弦楽器キャマンチェ kamānche کمانچه などでラディーフを学ぶことは、聴覚だけではなく指の配置からもダストガーを構成するテトラコード（4音列からなる完全4度の枠組み。ペルシア語では dāng دانگ）を理解することにも繋がっている。つまりその意味で、タールやセタールによるラディーフ演奏経験を何らかの形で持つことは、サントゥール奏者の経験とは全く異なった世界——しかしイラン音楽の中ではむしろそちらのほうが主流となっている世界を知るためには必要なのである。

　これまで継続してきたサントゥールについても、ある特定の「流派」のみに留まるのではなく、別の系統の師匠に師事することで見える世界は大きく変わってくる。例えば第5章で詳述する通り、従来の

注5　シーラーズ生まれのタール・セタール奏者でありイラン伝統音楽史上最も重要な人物のうちの一人。現在伝承者（解釈者）によって複数存在している様々なラディーフは、カージャール朝（1796 〜 1925）の宮廷音楽の伝承にまで遡ることができるが、それらのルーツとされているのがミルザー・アブドッラーのラディーフである。そのため、本来はタール・セタール用のラディーフであるが他の器楽奏者にも必須のものとされており、他の楽器用に記譜・録音されたものも多く流通している。

注6　ペルシア語で「糸」の意味を持つ撥弦楽器。長棹に羊の胎児の皮を張った桑の木製の共鳴胴を持つ。6弦（3コースの複弦）を真鍮のピックで鳴らす。切っ先鋭い独特な音色が特徴である。

注7　「セ」とは「3」のことで、したがってセタールは「3本の糸＝3弦」を意味するが、現在は4弦となっている。タールよりも小型の共鳴胴（板張り）を持つ長棹の撥弦楽器で、ピックは使わず人差し指の爪で鳴らす。タールより音量は小さく、囁くような甘い音色が特徴である。

サントゥール奏法の語法と、近年の超絶技巧を含む新しい身体性による語法は全く別物であり、そうした新しい語法を含むレパートリーやそれを可能にしている身体性やメズラーブ（バチ）mezrāb مضراب の持ち方についての知見は、即興演奏の引き出しを広げる上で有益だと言えるだろう。

　このような考えのもと、筆者は 2014 年以降、それ以前とは全く異なった方針——メイン楽器であるサントゥールだけではなく、できるだけ多くの楽器や声楽・ペルシア古典詩のレッスンを、さらには即興演奏や曲創りのレッスンにも参加し参与観察を行った。その結果、即興演奏にあたってのヒントや選択肢が以前に比べより具体的な形で蓄積されつつある。すなわち本書は、これらのレッスンの現場をフィールドとして得た多様な気付きをいくつかのテーマのもとに再構築したものと言える。

本書の構成

　第1章「個性はいかに研究可能（記述可能）か？」においては、本書の導入として、個性を完成形として見るのではなく、その生成要因について考え記述してゆく姿勢——そこにどのような判断材料があり、いかなる価値判断が働いたのかなど、音楽家の選択の内実を丁寧に記述してゆく姿勢を提案する。それにより、つまり即興演奏にはそうした（少なくとも次章以降に示されるような）多くの要素が含まれているのだという議論へと繋げてゆく。

　第2章「歌謡における言葉のリズムと音楽のリズム」では、多くの先行研究でも指摘されてきたペルシア古典詩の韻律がイラン音楽のリズムに与えた影響について考察し、それらが実際の演奏では「長・短」のみに留まらない「重さ」「安定感」にも繋がる幅広い要素に影響を及ぼしていることを指摘する。

　第3章「打弦楽器を巡る試行錯誤——インドとイランのサントゥール」においては前章と同様、人間の声に着目しながら、インドとイランのサントゥールを比較し、声の模倣という点において打弦楽器が置かれている「不利」な立場とその克服について論じる。

　第4章「指で感じ理解すること——楽器間で異なる身体感覚の研究に向けて」では、専門楽器を異にする様々な演奏家たちが、イラン音楽という共通の土台を経験しつつも、どのように互いに異なった身体感覚を持ちながら音楽を営んでいるのか——とりわけセタールやウー

ド 'ūd عود^{注8} 奏者のそれをサントゥール奏者と比較しながら、前者が
聴覚だけではなく指の配置からもダストガーを構成するテトラコード
を理解しており、それが即興演奏の上でいかに有利であるかについて
論じる。

第5章「サントゥール演奏の新しい身体性——楽器盤面の地政学へ
向けて」では、前章と同様に演奏者の身体性に着目するが、本章では
特に、ある同一の楽器の中でも音楽家によってどれほど異なる身体
性が存在するかについて、サントゥールを題材に考察する。まず汎
サントゥール的な身体性について言及した後、従来とは異なる新し
い身体性について、アルダヴァーン・カームカール Ardavān Kāmkār
اردوان کامکار^{注9} というサントゥール奏者のレッスンへの参与観察を元
に記述する。そのことによって、楽器構造（弦の配置や打弦ポイント）
とそれを奏でる演奏者の身体との関係性について考察する。

第6章「ラディーフから何を学ぶのか？」では、2014年以降——
とりわけ筆者がサバティカルとして滞在した2019年後半のフィール
ドワークをベースに、ラディーフ理解のより具体的な側面——すなわ
ちラディーフそれ自体にいかに即興演奏のためのヒント・手掛かりが
多層的に存在しているのかを示してゆく。

注8　（厳密には別の楽器だが）バルバット barbat بربط とも呼ばれ、北アフリカのアラブ諸国から
　　中東で用いられる洋梨型のボディを持つ撥弦楽器。通常11弦が6コースに分類（最低音弦以
　　外は複弦）され、現在はプラスチック製のバチで演奏する。フレットは無く、ネックが大きく
　　後方に折れ曲がっているその形状から、曲頚琵琶のルーツと考えられている。
注9　1968年サナンダジ生まれのクルド系音楽家。音楽一家として有名なカームカールアンサ
　　ンブルの一員である。4歳から父のもとでサントゥールを始め、16歳のときに最初のアルバム
　　『Dariya دریا』を発表して以降、イランやクルドの伝統音楽をエッセンスとしつつ西洋音楽から
　　強い影響を受けた作風や、左右の手を全く同じように使う（非利き手を感じさせない）超絶技
　　巧で一躍有名になるなど、現代のイラン音楽を牽引する存在の一人である。

　各章のタイトルは一見バラバラなようにも思えるが、よく見てみると、イラン音楽の（他の要素との）相互作用性もしくは領域横断的とも言えるような性質を表している。それは楽器間や旋法間の関係性であったり、また楽器と声あるいは身体との関係や西洋音楽との関係などであったりする。その意味で本書は、声や楽器、身体そして旋法を巡って、イラン音楽がいかに相互浸透的な側面を持っているのかに着目した研究ということになるだろう。そしてそのことは、即興演奏のためにはそうした領域横断的な理解が必要だという事実を示しているのである。

目　次

第1章
「個性」はいかに研究可能（記述可能）か？

第2章
歌謡における言葉のリズムと音楽のリズム

第3章

打弦楽器を巡る試行錯誤
──インドとイランのサントゥール

第4章

指で感じ理解すること
──楽器間で異なる身体感覚の研究に向けて

第5章

サントゥール演奏の新しい身体性
──楽器盤面の地政学へ向けて

第1章

「個性」はいかに
研究可能（記述可能）か？

1 │ はじめに

　音楽研究において「個性」は、いかにその対象となりうるのか——
このような問いは、なぜいま改めて問いであるべきなのか、それを不
思議に思う向きもあるだろう。なぜなら普段私たちが音楽について語
るものの大半は、「それがいかに素晴らしい作品であるのか」「そう
いった素晴らしい作品を生み出した作者の才能や天性」といったテー
マでほぼ埋め尽くされている——つまり「個性」は、すでに研究や考
察において記述の対象となっているからである。近年ではいくらかの
変化があるとはいえ、例えば従来の西洋音楽史は大音楽家と名作のオ
ンパレードで構成され、それらの個性を「称揚」することが音楽史の
記述スタイルでもあった。　またそうした「西洋芸術音楽」の観点を
無意識のうちに受け継いだ我々の音楽観もまた、音楽について語る際
に「大音楽家の個性や創造性」を焦点としそれを褒めたたえることに
何の違和感も持たなかったといえるだろう。そしてそれは、いわゆる
「民族音楽」研究の姿勢にも通底している。

　次の事例を見てほしい。これはある研究者がイラン音楽の即興演奏
について考察を行おうとするなかで、具体的な音楽家に言及している
個所である。

> 「バナーン（歌手名）の音楽は即興演奏の好例である。彼はまず、自
> らの気持ちに基づきそして聴衆の雰囲気・期待を予想しつつ、詩を選
> 択するだろう。またその詩に合う旋法をも選ぶだろう。」
>
> [Caton 2002:141]

　研究者が具体的な音楽家を挙げて何か考察を行おうとする際の、その記述の方向性についてのあるひとつの傾向がここには表れている。それは上記のようにその音楽家の個性や才能というものを自明とし、それを追認する形で記述を展開してゆくことである。引き続き Caton の記述を見てゆこう。

　　「即興演奏の芸術というものは通常、単独で教えられるものではなかった。代わりに音楽家は旋律型の口頭伝承のプロセスにおいて、演奏中に直感的に（intuitively）参照できるような基底構造のみならず、旋律型群のストックをも内面化したのだ。師の演奏に耳を傾けるうちに、弟子は即興演奏の可能性と限界を把握することができた。聴衆との関係を築き上げるなかから音楽家は、瞬間の閃き（the inspiration of the moment）に基づいて、自身の選択を自らの気持ちや聴衆の意向に一致させることをも学んだのである。」
　　[Caton 2002:141]

　この記述は、音楽家が演奏中に為していることを研究者として説明しているかのように思える。しかし実際にはそれをさらに神秘的なカテゴリーへと閉じ込めてしまっているにすぎない。なぜなら intuitively や the inspiration of the moment などという表現は、心情としては十分理解できるが結局のところ何も説明し得ていないからである。
　このような落とし穴は実は、何らかの考察をまず大音楽家の名を掲げることから始めようとする記述スタイルに広く潜んでいるものだと言える。そこでは研究対象となる何らかの音楽実践（ここでは即興演奏）が「全く個人の創造力による、瞬間の閃きや直感のような説明できない形でなされるもの」と無意識のうちに理想化されている。そし

て思えば、このような安易な理想化はそもそも、実際の即興演奏のサンプルが大音楽家のそれから採られているところから始まっているのだ。

　そこでは、考察・記述すべき問題の大半が音楽家個人の個性や創造性に丸投げされてしまい、結果そこでの記述は、「天才のなせる業」などと特定の音楽家を礼賛するなど、本質的に説明不可能な部分をよりクローズアップすることに帰結してしまう。解明すべき音楽実践の内実が「個性」にすり替えられ、またその「個性」自体もほとんど説明されないまま、「大音楽家はすごい」という同語反復のスパイラルに陥っているのである。

　それでは、「個性」の研究において、このような同語反復に陥らないために必要なのはいったいどのようなことなのだろうか。研究者としてまず必要なのは、その音楽家の個性や才能それ自体を認めてしまうのではなく、まず一端格下げして横に置き、上述の「音楽家の選択」の内実を丁寧に記述してゆく姿勢だろう。そこにどのような判断材料があり、いかなる価値判断が働いたのか——このことは、当の音楽家のみならずそれを取り巻く人々が音楽のどのような側面に価値を見出し評価しているのかを明らかにする記述にも繋がるだろう。そしてその姿勢は、「個性」を完成形としてのみ見るのではなく、その生成要因について考え記述してゆく姿勢にも通じるはずである。

　これまで中東音楽の研究者たちは実際の音楽がどのように生み出されるのかという点について、様々なアプローチを行ってきた。それは大きく二つの傾向へと分類できるだろう。ひとつは、マカームmaqām مقام やダストガーと呼ばれる音楽生成のシステムを解明することである。これらの旋法システムについてはまだまだ解明されていない点も多く、これらを体系化して記述することは研究者にとって大きな課題である。しかし一方でそれを運用する個人に対する眼差し

も、マカーム・ダストガー研究に欠かせないものだろう。それがもう
ひとつの、具体的な音楽家を対象として研究してゆく手法である。し
かし上述したように個人名を掲げた研究は、実際には「礼賛」でしか
ない場合も数多く見られる。

　すなわちここで必要なのは、一方では「原則的な理論」、そしてま
た一方では「突出した個人に対する礼賛」という形で行われてきたこ
れまでの研究のあいだにある現象を記述し、両者を繋ぐことではない
だろうか。研究とは本来、ブラックボックス化しがちな対象やプロセ
スを可能な限り記述してゆくことで新たな知見をもたらすものであ
る。「究極の個性」は確かに記述不可能かもしれないが、そのように
一括してしまう前に、「個性」がいかに生み出されるものなのかにつ
いては、学習環境の違いについてなど、まだまだ記述可能な要因はい
くらでもある。そうすることで、ただダストガーの原則のみを語るの
ではなく、また突出した「個性」のみを扱いそれを語れないものとし
て一括し「礼賛」するだけでもない記述の方向性が見えてくるのでは
ないだろうか——本章ではこのような問題意識をもとに、「個性」が
いかに生み出されるものなのかについて、そのプロセスをブラック
ボックス化することなく、いくつかの観点からその要因について考え
てゆきたいと思う。

2 | 習得するラディーフによる違い

　個性がいかに生成されるのかという問題を考える上で、まずその第一の要因として考えなければならないのは、伝統音楽の学習環境による違い——習得するラディーフによる違い——である。

　ラディーフとは、イランの伝統音楽において音楽家たちの間で伝承されてきた旋律型群のことである。学習者たちは伝統音楽の世界に入門すると、音楽教授の現場において、ラディーフに含まれる旋律型グーシェをひとつひとつその順序と共に、旋法ごとに暗記してゆくことで伝統音楽を学んでゆく。しかしこのラディーフというものは、それを伝承する音楽家あるいは流派によってグーシェの数や具体的なメロディそのものに多少の異同がある。譜例1・2を見てみよう。

　これらは共に、セガー segāh سه گاه 旋法のダルアーマド darāmad درآمد と呼ばれる旋律型である。以下ではこの二つの旋律型が同じ名称ながらいかに異なっているかという観点から記述を行ってゆくのだが、その前に確認しておきたいことがある。それは、ラディーフは音楽家の流派や系統を示す形で複数存在しており、学習者はひとつのラディーフだけを習得するわけではなく、現実にはむしろ複数のラディーフを学ぶほうが通例であるという点である。このことは、ラディーフを習得することの目的が、「師匠から伝えられる旋律型をただ機械的に覚え、正確に再現できるようになること」ではないということを意味している。つまりラディーフ習得の本来の目的とは、そうした暗記作業を通して旋律型それぞれの雰囲気や情緒を汲み取り、そ

れらの「列（ラディーフの第一義）」としての繋ぎ合わされ方からイラ
ン音楽の緩急を学び取ることでその体系に通じ、そのことによって最
終的に即興演奏を可能にするという点にあるのだ。

譜例 1　アボルハサン・サバー Abolhasan Sabā ابوالحسن صبا (1902-1957) 注 10 伝承のダルアーマド

譜例 2　ミルザー・アブドッラー伝承のダルアーマド

[Sabā 1991:11]

[Talā'ī 1997:160]

注 10　テヘラン生まれの作曲家、ヴァイオリニスト・セタール奏者。他にもピアノや、イラン
　の多くの楽器を弾きこなす人物としても知られた。サントゥール学習者にとっては、当初 4 巻
　組として出版されたサントゥール用ラディーフ *Doure-ye Avval, Dovvom, Sevvom, Chahārom-e*
　Santūr دورهٔ اول، دوم، سوم، چهارم سنتور の作者として、またサントゥール奏者ファラーマルズ・
　パーイヴァルの師としても知られている。

　このような、即興演奏を可能にする旋法体系というもの——これこそがイラン音楽のダストガーと呼ばれるものなのである。すなわち学習者たちは、師匠から学んだ（ラディーフで覚えた）旋律をそのまま繰り返すことを目的としているのではなく、ラディーフを伝承するなかで、具体的な音響の基盤となっているダストガーに対する理解を得るために——ダストガー像を各々形成するために——ラディーフを伝承しているのである。伝統音楽の世界において音楽の習得とは、グーシェを単にレパートリーのごとく暗記することではなく、そうした作業を通じて他ならぬダストガー像を自らのなかに獲得することなのである。

　このように音楽家たちがそれぞれに創り上げるダストガー像は、ひとつのラディーフだけに依拠しているわけではない。様々な学習環境の違いはあれど、複数のラディーフを学ぶことによって、それはある程度「共同主観的」なものになってゆく。しかしそれでもなお、どのラディーフをどのような順序で習得したかということは、その音楽家のダストガー像形成に大きな影響を与えるものと考えられる。譜例に戻ろう。

　譜例1、譜例2は共にラ♭（コロン[注11]）を核音として構成される「セガー旋法のダルアーマド」というグーシェである。確かに両譜例を楽譜上で比較してみると、共に音楽が最終的にはラ♭へと収束してゆくさまが見て取れる。しかし両者を聴覚上の印象から捉えてみると、そこにはかなりの違いがある。例えば譜例2が、1段目の4音目で早くもラ♭へと終止した上で、さらにその終止感を強調すべく、別の複数のやり方でもってラ♭へ終止するパターンを何度も繰り返している一方で、譜例1はラ♭で音楽が始まるもののそれは音楽が下行してゆく

[注11]　イラン伝統音楽における「微分音（＝半音以下の音程）」のひとつ。コロン♭（koron کرن 約四分の一音下げる）のほか、ソリ♯（sori سری 約四分の一音上げる）がある。

（核音から離れてゆく）経過部の一部に過ぎず、むしろ終止感らしきものは 1 段目の最後において響く「F・C・F」のほうに感じられる。しかもそれは核音とされるはずのラ♭とは当面無関係である。

　このような違いは、いったんセガー旋法の特性を理解した後では、取るに足らないものなのかもしれない。実際、**譜例 1** ではその後 2 段目から徐々に音楽が上昇しながらラ♭へと向かってゆくさまが見て取れる。しかし、セガー旋法をいまだ理解していない学習者にとっては、いったん F へと「終止」するこの動きはかなり強く印象付けられることが予期される。

　なぜなら、ある旋法を習得しようとする段階において学習者が一番敏感になるのが（感覚的に理解しようと努めるのが）、その旋法が持つ独自の終止感だからである。ある旋法を習得することとは、その旋法独特の終止感やフレージングに心底感情移入できるような自分の開発であり、さもなければ即興演奏において、あたかも自らの引き出しから音楽を導き出しているような感覚（ある意味錯覚にも近い感覚）を持ちながら演奏を行うことなど不可能であるからだ。

　もちろん音楽経験を積み重ねていけば、セガー旋法らしい終止感とはむしろ 3 段目の□で囲んだ部分において現れることなどが事後的に理解されてゆくのであるが、ラディーフ経験の少ない学習者にとって**譜例 1** のラディーフが持つ特異性は、ある意味学習者のセガー観を「ぶれ」させる存在ともなりうる。そしてさらに言うなら、このラディーフを修めた経験の有無によって、各音楽家が形成するセガー像は多少なりとも異なるものになることが予期されるのであり、それは「個性」の生成を考える上でも大いに考慮すべき要因だろう。

3 | 社会的・個人的な「手癖」

　もう一点、「個性」がいかに形づくられるのかという問いのなかで考慮しておきたい観点がある。それは即興演奏において「手癖」が持つ様々な意味についてである。

　これまで即興についての数多くのケーススタディが生み出されてきた地域や音楽ジャンルを見てみると、例えばジャズでは、即興演奏における「手癖」の問題が、一般の言説においても比較的よくトピックとして取り上げられているように思える。そこでは例えば、即興演奏における個人のキャラクターを如実に表すものとしてポジティブに評価されたり、また時には、即興というものに「これまでにない新しさ」を求める精神性からは「代わり映えのないもの」としてネガティブに評価されたりもしている。

　こうしたジャズなどと比較すると、これまでイラン音楽における「手癖」の問題——さらに言えば身体性の問題については、否定的であれ肯定的であれ、独立して明確に取り上げようとする視点はあまり見られなかった。しかしこの「手癖」という観点は、そこに具体的なレベルを設定してゆくことで、「個性」の生成を考える際の様々な手掛かりを与えてくれる。

　ここでは最初に「手癖」を、個人的なものと社会的なものとに大きく二分して考えてみよう。「個人的な手癖」とは、文字通り完全に個人のスタイル——ある種説明不可能なもの——とここでは見なし、前述した「究極の個性」と同様、本章では取り扱わない。

　一方「社会的な手癖」とは、そのジャンル（ここではイラン伝統音楽）であることを如実に表すものであり、例えば個々の楽器というようなハードウェア上の特性を超えたところにあるイラン音楽特有の音使い（常套句）と考えられるだろう。前述したラディーフの習得作業とはいわば、こうした音使い（常套句）を後天的に刷り込み、「手癖」として蓄積してゆく作業だといえるだろう。もちろん習得したラディーフによって、この「社会性」にも何らかの偏差が生じることはすでに述べた通りだが、ここではもう少し大きなまとまりを持った社会集団に細分化して考えるなかで、その偏差を捉えてみたい。

3.1　楽器によって異なる「言葉使い」

　「社会的な手癖」をより小規模の集団へと細分化して捉えるならば、それぞれの集団における社会性は、楽器というハードウェアに依拠する諸要素——各楽器が要請する身体性や、楽器構造に基づいた技法など——によって構築されていると考えられるだろう。つまり「社会的な手癖」内の偏差はまず、習得した楽器の違いによってもたらされる。確かにある種の響きやサウンドは、（音高や音価それだけという意味での）音楽それ自体だけではなく、固有の音色やその楽器ならではの演奏技法によって生み出されていると言えるだろう。

　以下に示したのは、ある声楽用ラディーフと、その声楽用ラディーフをサントゥール用に「編曲」したものである。

譜例3 マハムード・キャリミー Mahmūd Karīmī محمود کریمی 伝承の声楽用ラディーフ

[Mas'ūdie 1995:13]

譜例4 アルファエ・アトラーイー Arfa'e Atrā'ī ارفع اطرایی によるサントゥール用編曲

[Atrā'ī 1990:1]

そもそもイラン音楽において声楽（アーヴァーズ）らしい音使いとは、全ての音楽家が習得すべき普遍的な言葉使いだとされているのだが、**譜例4**ではそうした普遍性が模されるなかにも、その楽器ならではの技法が随所に現れる様子が見て取れる。

　例えば**譜例 3** のアーヴァーズの各所に見られるポルタメント（☐
で囲んだ部分。ある音から別の音に、滑らかに徐々に音の高さを変化させ
る技法）は、サントゥールでは構造的に実現不可能であるが、**譜例 4**
では代わりに、素早いオクターヴ移動が容易であるというサントゥー
ルの構造上の特性を活かして、フレーズの冒頭音のみオクターヴ下の
音を取り込むトレモロ技法（オクターヴ下の前打音が付加されている部
分）や、あるいはフレーズそのもののオクターヴ移動が頻繁に行われ
ている様子（↓で示した部分）が見て取れる。このことによって**譜例
4** には、オリジナルとは異なるサントゥールならではの語法が随所に
盛り込まれることになるのだ。

　ここでは一例のみ挙げたが、このように楽器によって音楽はそれぞ
れに異なる「言葉使い」を有しており、それらが他とは異なる「個性」
の生成の一部を成していることがわかるだろう。そしてさらに興味深
い個性の生成の事例として着目したいのは、「複数の語法の交差」で
ある。

3.2　複数の語法の交差

楽器間の語法の交差

　ここでいう「複数の語法の交差」とは「異なる複数の楽器間の語法
の交差」のことである。ここではその現象を、タールやセタールの語
法に影響されたサントゥール調弦・語法という事例から見てみたい。

譜例5　サントゥールの調弦法

[Pāyvar 1961:46]

　譜例5はサントゥールの調弦法を示したもので、おおよそ3オク
ターヴの音域を持つこの楽器の各音域（低音域・中音域・高音域）は、
それぞれ低音から順にE〜Fまでの順次音階で調律される。しかし
近年の新しい調弦では、最低音のE（□の部分）のみ3度下のCへと
さらに下げられることが多い。

　もともとこの最低音のE音は、中・高音域のE音（実線・点線の△）
がそれぞれ2か所存在することでコロンとフラットを使い分けるため
に必要不可欠な一方で、単独で存在するこの音は必ずしもE音であ
る必然性があるわけではなく、従って実際に使用される頻度も必ずし
も高いわけではなかった（最高音のFも同様に演奏の頻度は高くない）。

　しかし近年の新しい調弦法においてこの音が3度下のCへと下げ
られることによって、たった3度の変化ながら、サントゥールの響き
や語法には新たな側面が付け加えられることになった。

譜例 6　パシャング・カームカール Pashang Kāmkār پشنگ کامکار による楽曲
《Rāz o Niyāz راز و نیاز》

[Kāmkār 1996:29]

　譜例 6 を見てみよう。ここでは、3 度下へ調律された C を効果的
に用いて——低音域の他の音（F や G など）と同時に演奏することで
——和声的効果をうまく得ていることがわかる。そしてこのような調
弦（和声的効果）は、中音域に独立したメロディが対照的に現れてい
ることからもわかる通り（□で囲んだ部分）、実はタールやセタール
の演奏によく見られる開放弦の響きの模倣なのである。結果としてこ
の調弦法は、従来のサントゥールにはなかった、深い低音の、非常に
伸びのある斬新な響きをもたらしたのみならず、メロディ楽器として
だけではなく伴奏楽器としてのサントゥールの新しい側面をも開拓し
たと言えるだろう。

西洋音楽的語法の影響

　また「語法の交差」という観点からは、当然イラン音楽以外の語法
の流入についても考えなければならないだろう。以下に示したのはア
ルダヴァーン・カームカールというサントゥール奏者の演奏例であ
る。

譜例7　アルダヴァーン・カームカールによる楽曲《Khātere خاطره》

[Javāherī 1998:1]

　ここではアルペジオによる伴奏に支えられて、完全に西洋の調性音楽が展開されていることがわかる。また調性音楽足るために、ここでは一切微分音も採用されていないのである。

　そして身体性の観点からさらに指摘したいのは、このような西洋音楽的語法を取り込んだ音楽の多くが、とりわけ前半部に見られるように、右手で伴奏をしつつ左手でメロディを奏でる（サントゥールの楽器構造では低音部は右側に、高音部は左側に配置されている）という、従来のサントゥール演奏ではなかなかありえない、非常に弾きづらい独特の身体性を有しており、しかしながら同時にこうした身体性が同種の西洋的志向を持つ奏者たちにとって、今や習得が必須の語法——新たな「手癖」——としても認識されつつあるということなのである。

4 ｜ おわりに

　以上本章では、限られた点にしか触れることができなかったが、個性はいかに研究可能かという問いをきっかけとして、記述可能なその生成要因について「習得したラディーフによる違い」そして「手癖」という観点から考えてきた。とりわけ後半で見てきたような「手癖」という観点は、例えばイラン音楽で使用される各楽器の初心者用教則本をいくつか検討してみればわかるように、「その楽器ならではの技法」と「楽器を超えたイラン音楽に普遍的な言葉使い──『声の模倣』という社会性」とがダイナミックに絡み合う様子が見て取れるなど、イラン音楽における「社会性」（とその相互作用）を様々なレベルで考える上で非常に興味深い観点となるだろう。

　また本章で言及を避けてきた個人的な「手癖」についても、実際には説明不可能なものだけではなく、これまでに述べた諸要素が複合的に絡み合うなかから構築されている場合も多々あるだろう。またある特定の個人のスタイルそのものは説明不可能かもしれないが、それらが社会的に強い影響力を持って流通する様子については考察や記述の対象となるだろう。

　いずれにせよ、このように「手癖」ひとつをとってみても、それを全て一様に見る（個性に還元してブラックボックス化してしまう）のではなく、そこに様々なレベルを設定して（個性の生成要因となる諸要素に分解して）、それらが互いにどのような関係を取り結んでいるのかを考えることは、結果的に今後の「個性」研究に何らかの見取り図を

提供することに繋がってゆくのではないだろうか。

引用・参考文献●

Atrā'ī, Arfa'e. 1990. *Davāzdah Maqām-e Mūsīqī-ye Mellī-ye Irān barāye Rāst kuk-e Santūr bar pāye-ye Radīf-e Ostād Mahmūd-Karīmī*. Enteshārāt-e Vāhed-e Sorūd va Mūsīqī. Edāre-ye Koll-e Farhang va Ershād-e Eslāmī-ye Esfahān.

اطرایی، ارفع، (۱۳۶۹)، دوازده مقام موسیقی ملّی ایران برای راست کوک سنتور برپایه ردیف *استاد محمود کریمی*، انتشارات واحد سرود و موسیقی، ادارۀ کل فرهنگ و ارشاد اسلامی اصفهان.

Caton, Margaret. 2002. "Performance Practice in Iran: Radīf and Improvisation" In *The Garland Encyclopedia of World Music.* Vol.6, *The Middle East.* edited by Virginia Danielson, Scott Marcus, and Dwight Reynolds 【, pp.129-143】. New York and London: Routledge.

Javāherī, 'Alīrezā. 1998. *Bist Qat'e barāye Santūr Āsārī az Ardavān Kāmkār.* Tehran.

جواهری، علیرضا(۱۳۷۶)، ۲۰ قطعه *برای سنتور آثاری از اردوان کامکار،* تهران.

Kāmkār, Pashang. 1996. *Āsārī az Pashang Kāmkār barāye Santūr.* Tehran. Enteshārāt-e Āmūzesh.

کامکار، پشنگ(۱۳۷۵)، *آثاری از پشنگ کامکار برای سنتور،* انتشارات آموزش، تهران.

Mas'ūdie, Mohammad, Taqī. 1995(1978). *Radīf-e Āvāzī-ye Mūsīqī-ye Sonnatī-ye Irān be ravāyat-e Mahmūd-Karīmī.* Tehran: Anjoman-e Mūsīqī-ye Irān. 3rd. ed.

مسعودیه، محمدتقی(۱۳۷۴)، *ردیف آوازی موسیقی سنتی ایران به روایت محمود کریمی،* انجمن موسیقی ایران،چ ۳،تهران.

Pāyvar, Farāmarz. 1961. *Dastūr-e Santūr*. Enteshārāt-e Vāhed-e Sorūd va Mūsīqī, Edāre-ye Koll-e Farhang va Ershād-e Eslāmī-ye Esfahān.

پایور، فرامرز(۱۳۴۰)، دستور سنتور، انتشارات واحد سرود و موسیقی، ادارهٔ کل فرهنگ و ارشاد اسلامی اصفهان، اصفهان.

Sabā, Abolhasan. 1991(1950). *Doure-ye Avval-e Santūr 10th.ed.* Tehran: Enteshrāt-e Montakhab-e Sabā.

صبا، ابوالحسن(۱۳۷۰)، دورهٔ اوّل سنتور، انتشارات منتخب صبا،چ ۱۰،تهران.

Talā'ī, Dāryūsh. 1997(1995). *Radīf-e Mirzā Abdollāh*. Tehran: Moassese-ye Farhangī-Honarī-ye Māhūr. 2nd.ed.

طلایی، داریوش (۱۳۷۶)، ردیف میرزا عبدالله، مؤسسه فرهنگی-هنری ماهور،چ ۲، تهران.

第2章
歌謡における言葉のリズムと音楽のリズム

1 | はじめに

　イランの音楽は、ダストガーと呼ばれる旋法体系に基づきペルシア古典詩と密接な関連を持ついわゆる「中央」の伝統音楽と共に、西部のクルディスタン kordestān کردستان や東北部のホラサーン khorāsān خراسان、東南部のバルーチスターン balūchestān بلوچستان、北西部のアーゼルバイジャン āzarbāyjān آذربایجان など、各地の民俗音楽もそれぞれの民族・言語・文化的背景を反映して非常に豊かな形で存在している。これらの民俗音楽と「中央」の伝統音楽は断絶しているのではなく互いに影響関係にある。

　イラン音楽と詩のリズムとの関連性については、こうした「中央」のものに限定されてはいたがこれまでの研究でも様々な形で繰り返し述べられてきた（例えば Tsuge 1970、Miller 1999 など）。イラン音楽では明確な拍子が感じられる部分ザルビー zarbī ضربی（「拍節の」の意）とそうでない部分ビーザルビー bī-zarbī بی ضربی（「無拍節の」の意）またはアーヴァーズとが周期的に繰り返されるが、特に後者の「西洋的な意味での明確な拍子が感じられない部分、一定の拍子で計れない部分」にいかにペルシア古典詩の韻律が反映されているのかという観点から様々な研究が行われてきた（例えば Tsuge 1970 など）。

　本章では、このように密接に関連しているとされるペルシア古典詩の韻律と音楽とのリズム上の連関を、無拍のもののみならず有拍のものをも対象としながら両者の拮抗関係を主たる着眼点として述べていきたい。

2 | ケレシュメ kereshmeh کرشمه の場合

　まず最初に取り上げるのは、ケレシュメと呼ばれるグーシェである。これは、8 分の 6 拍子と 4 分の 3 拍子が交互に現れるヘミオラのリズムを明確な特徴として持つ旋律型であるが、それはそこで最もよく歌われる詩の韻律をそのまま反映した、詩と音楽のリズムの完全な一致事例として考えることができる。ケレシュメで最もよく歌われる詩としては、14 世紀の詩人ハーフェズ Hāfez حافظ による詩がある。

بیا و کشتی ما در شط شراب انداز

خروش و ولوله در جان شیخ و شاب انداز

biyā o keshtī-ye mā dar shatt-e sharāb andāz

khorūsh o velveleh dar jān-e sheikh o shāb andāz

さあ、我々の船を酒の河に投げ入れよ

嘆きと叫びを、老師と若者の魂に投げ入れよ　［柘植 1999a:36］

譜例 1　アボルハサン・サバー伝承のラディーフよりホマーユン旋法のケレシュメ

［Sabā 1993:7］

　この詩の韻律はモジュタッセ・マハブーン mojtass-e makhbūn مجتث مخبون と呼ばれる「短長短長＋短短長長」のリズムである。これはモスタファアロン mostaf'alon مستفعلن（長長短長）とファーエラートゥン fā'elāton فاعلاتن（長短長長）という二つの詩脚が組み合わさったモジュタッス mojtass（長長短長＋短長長長）と呼ばれる韻律に、マハブーン makhbūn と呼ばれる変形（それぞれの最初の長音を短音へと変化させる）を施したものである。そしてこの韻律と全く一致するリズムがこのグーシェには見て取れるのである。それゆえこのグーシェは、旋法（や音階）や音域を問わずどこにでも、その特徴的リズムを保持したまま出現しうるものとなっている。

3 ｜ サーギーナーメ sāqī nāmeh ساقی نامه の場合

　次に取り上げるのはサーギーナーメと呼ばれるグーシェである。ここからは、そこで典型的に歌われる詩の韻律が、音楽（特に音楽独自のリズムを有する拍節曲）に乗せられることによってどのように変化するのかを考えてゆこう。サーギーナーメで典型的に歌われる詩とその韻律の対応は以下の通りである（冒頭のみ）。

بیا ساقی آن می که حال آورد

کرامت فزاید کمال آورد

به من ده که بس بی‌دل افتاده‌ام

وز این هر دو بی‌حاصل افتاده‌ام

biyā sāqī ān mey ke hāl āvarad

kerāmat fazāyad kamāl āvarad

be man de ke bas bi del oftādeam

vaz in har do bi hāsel oftādeam

［Hāfez］

来たれ酌人、陶酔をもたらし

恵みをふやし円満をもたらすかの酒を

私に注いでくれ、私はひどく気がふさぎ

そのいずれをも得ていない

［黒柳 1976:365］

表 1

短音節	長音節	長音節
① bi	② yā	③ sā
④ qī	⑤ ān	⑥ mey
⑦ ke	⑧ hāl	⑨ ā
⑩ va	⑪ rad	

　表に示した通り、ここで歌われる詩の韻律は短長長のリズムを
持つファウーロン faʿūlon فعولن の反復から成り立つムタカーリブ
motaqāreb متقارب と呼ばれる韻律である。そしてこれがサーギーナー
メで歌われた場合には、次のような変化が生じる。まず、上記の音節
は全体として、「二分音符＋四分音符＋四分音符」のリズムに以下の
ように取り込まれてゆく。

表2

超短音 （前打音）	超長音（二分音符）	長音（四分音符）	長音（四分音符）
① bi	② yā	③ sā	④ qī
	⑤ ān	⑥ mey	⑦ ke
	⑧ hāl	⑨ ā	⑩ va
	⑪ rad		

譜例2　マハムード・キャリミー伝承のラディーフによるマーフール旋法のサーギーナーメ

[Mas'ūdie 1995:177]

　この事態だけを観察すれば、本来短音節であるはずの「① bi、④ qī、⑦ ke、⑩ va」のうち、短音として扱われているのは① bi だけであり、残りの「④ qī、⑦ ke、⑩ va」はいずれも、超長音とはなっていないものの、他の長音（③ sā、⑥ mey、⑨ ā）と同じ長さを持つ音として音楽上では扱われており、詩の本来の韻律が音楽のなかでは変化しているように解釈されうる。

　しかし、詳細に見てみると、「④ qī、⑦ ke、⑩ va」はいずれもその直後に超長音（⑤ ān、⑧ hāl、⑪ rad）を従えており、その意味におい

ては──つまりその直前の音とではなく、直後の音との相対関係から捉えるならば──短音節としての機能をいまだに保持しているということが言える。さらに、4回繰り返されるこれらの超長音（② yā、⑤ ān、⑧ hāl、⑪ rad）は、後になるほど（音楽が進行するほど）、そのなかでタハリール tahrīr تحریر と呼ばれるイラン音楽独特の装飾技法を伴いながら引き延ばされることで、その印象面での長さはより強調される。つまり、元々の韻律に存在していた「短長」というリズムパターンは、音の長さだけから判断すれば、音楽上では無視されている場合もあるのだが、単なる「短長」ではなく「どこに重きが置かれているか」という観点から眺めるならば、間違いなく、タハリールという音楽上の技法によって、「長」のほうに「聴かせる」力点が置かれており、その意味において、「短長（の差異）」と類似の機能を別の観点から達成していると言えるだろう。

4 | チャハールパーレ chahār pāre چهارپاره の場合

　ここでもチャハールパーレというグーシェで典型的に歌われる詩の韻律が、拍節曲に乗せられることによってどのように変化するのかを考えてゆこう。まずチャハールパーレで典型的に歌われる詩とその韻律の対応は以下の通りである（冒頭のみ）。

چه شود به چهرهٔ زرد من نظری برای خدا کنی
که اگر کنی همه درد من به یکی نظاره دوا کنی

che shavad be chehre-ye zard-e man nazarī barāye khodā konī

ke agar konī hame dard-e man be yekī nazāre davā konī

［ハーテフ・エスファハーニー Hātef Esfahānī هاتف اصفهانى］

わが蒼ざめた顔に、もし汝が神の道にかけて、一瞥でもしてくれたら

そして、汝の一瞥はわが苦痛の全てを癒すであろう

［柘植 1999a:34］

表3

短	短	長		短	長
che	sha	vad		be	cheh
re	ye	zar		d-e	man
na	za	rī		ba	rā
ye	kho	dā		ko	nī

譜例3　マハムード・キャリミー伝承のラディーフによるアブー・アター旋法のチャハールパーレ

［Mas'ūdie 1995:44］

　表の通りこの詩の韻律は、短短長短長、すなわちモタファーエロン motafa'elon متفاعلن の反復からなるカーメル kāmel كامل と呼ばれる韻律であることがわかる。以下ではこの韻律が音楽に乗せられることによってどのように変化するのか、4つの事例を見てゆこう。

4. 1.　タスニーフェ・ドガー tasnīf-e dogāh تصنیف دوگاه

　4分の3拍子のこのグーシェでは、詩の韻律は以下のように配分される。

表4

1拍目	2拍目	3拍目
短・短	長 ―――――――――――――→	
短	長 ―――――――――――――→	

譜例4

[柘植 1999b:34]

　すなわちこの曲においては、元の詩が持つ韻律は拍節曲においても保持されているといえる。

4.2 「メヘラバーニー mehrabāni مهربانی 8分の5拍子」 および「メヘラバーニー4分の2拍子」

まず8分の5拍子ヴァージョンでは、詩の韻律は以下のように配分される。

表5 メヘラバーニー8分の5拍子

1拍目	2拍目	3拍目	4拍目	5拍目
短・短	長————————————→		短	長

譜例5 バヤーテ・トルク旋法における「メヘラバーニー8分の5拍子」

[Pāyvar 1982:35]

ここで特徴的なのは、韻律の前半はタスニーフェ・ドガーと共通しているが、後半では短音節と長音節が等価に扱われていることである（▨部分）。さらに4分の2拍子ヴァージョンでは、最初の「短・短」を除き、以降の「長・短・長」全てが等価で処理されている。

表6 メヘラバーニー4分の2拍子[注12]

1拍目	2拍目	3拍目	4拍目
短・短	長	短	長

注12 「メヘラバーニー8分の5拍子」との比較上の統一を図るため、これ以降の表では八分音符を1拍として計算・表記している。

譜例 6　バヤーテ・トルク旋法における「メヘラバーニー 4 分の 2 拍子」

[Pāyvar 1982:36]

　これらのことからは、元の詩が有していた韻律は音楽のなかではやはり変化するのだという結論を導くことができるだろう。しかし先ほどの着眼点——音節の長短だけに着目するのではなく、「どこに重きが置かれているのか」「長短（の差異）と類似の機能がどこかに達成されていないか」という観点から考えてみると、ここでも非常に面白い点が明らかとなってくる。それは、どこに旋法の核となる音が配置されているかという観点である。上記の二つのグーシェは、典型的にはバヤーテ・トルク旋法で歌われるが、その際に核となる音シ♭（ここではメロディが終止する音）は必ず、「短・短・長・短・長」の最後の長音節に置かれるのである。

　すなわちここでも、長短という観点からのみ見れば全て等価に扱われていた各音節は、核音が持つ安定性（フレーズの終止感）という観点から見れば等価ではなく、最後の長音節こそが実はその直前の短音節よりも「重く」扱われていることが明らかとなってくる。

表 5-1　メヘラバーニー 8 分の 5 拍子

1 拍目	2 拍目	3 拍目	4 拍目	5 拍目
短・短	長————————————————→		短	長（核音が配置）

表 6-1　メヘラバーニー 4 分の 2 拍子

1 拍目	2 拍目	3 拍目	4 拍目
短・短	長	短	長（核音が配置）

4.3　メヘラバーニー8分の6拍子

　それでは最後に8分の6拍子の場合を見てみたい。この事例は韻律
一回分を 12（6拍 × 2）拍で運用し、また弱起（第1拍目以外から開始）
となっているため複雑であるが、表として整理すると以下のようになる。

表7

1	2	3	4	5	6	1	2	3	4	5（核音）	6
（休）	（休）	短	短	長 ————————————→				短	長 ————————————→		（休）
（休）	（休）	短	短	長 ————————————→					短	長 —→	（休）

譜例7　バヤーテ・トルク旋法における「メヘラバーニー8分の6拍子」

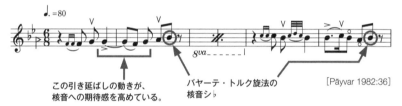

この引き延ばしの動きが、
核音への期待感を高めている。

バヤーテ・トルク旋法の
核音シ♭

[Pāyvar 1982:36]

　詩の韻律の、音楽上のリズム配置は場合によって上記の2パターン
があるが、いずれも詩の韻律は保持されたまま音楽は展開していると
言える。しかしこのことはすでに述べたように、ただ単に長音節に長
い音符が配置されることによって達成されているととるべきではな
く、前述したような、「短・短・長・短・長」の韻律の最後の長音節
に核音が配置されることによってもたらされる安定感がより大きな作
用を果たしていると考えるべきである。
　この事例では、2小節目の5拍目が旋法の核音シ♭にあたっている。
つまり音楽は、その核音に向かって流れているのだが、そのプロセス

において、核音の 3 度下であたかも焦らすかのように音が引き延ばされる動きがある（1 小節目の 5 拍目の長音節の引き延ばし）。つまりこの動きによって音楽が核音に達した時の安定感はより大きなものとして感じられることになるのである。またそのような安定感や終止感をもたらす核音は、特にこの事例の場合、核音の後に休符（空白部）が置かれているために、実際の余韻としてもより長く響くのである。このように、長短だけではない音楽上の様々な要素が重なりあって、「短・短・長・短・長」の韻律の最後の長音節に重きが置かれるような音楽づくり、さらに言えば、**譜例 5 〜 7** のいずれもその後半では最初の長音節にも核音が配置されている通り、長音節と核音とを一致させる音楽づくりが行われているのである。

5 ｜ まとめ

　詩の韻律は従来、無拍リズムの曲においてはそのまま再現されることがほぼ予想されるが、有拍リズムの楽曲内に置かれた場合は音楽のリズムが優先されると考えられてきた。

　しかし上記の事例から明らかなように、長短という観点から眺めれば、確かに従来言われていたように、音楽のリズムが詩の韻律よりも優先される事例がいくつも観察されるものの、タハリールと呼ばれる聴かせる技法や奏でられる旋法の核音がどこに配置されているかということを考慮するならば、長音節が持つ「重さ」はなおも保持されていることが上記の事例から明らかになっただろう。その意味におい

50

て、韻律を長短というタームだけで語ることはもはや不十分であることがわかる。アクセントや強弱なども含め、詩の韻律は、長短に留まらない幅広い要素を含んだものとして、「重い・軽い」という観点から総合的に、そのような印象を構成する要素を複合的に考察していく必要性があるだろう。

引用・参考文献●┈┈┈┈┈┈┈┈┈┈┈┈┈┈┈┈┈┈┈┈┈┈

黒柳恒男 1976 『ハーフィズ詩集（東洋文庫 299）』平凡社

柘植元一 1999a 「イラン音楽への招待（第 21 回）──アーヴァーズと詩の韻律──その二」、『chashm』（日本イラン協会ニュース No.83）、pp.35-43

柘植元一 1999b 「イラン音楽への招待（第 22 回）──タスニーフをめぐって」、『chashm』（日本イラン協会ニュース No.84）、pp.29-35

Mas'ūdie, Mohammad, Taqī. 1995 (1978). *Radīf-e Āvāzī-ye Mūsīqī-ye Sonnatī-ye Irān be ravāyat-e Mahmūd-Karīmī*. Tehran: Anjoman-e Mūsīqī-ye Irān. 3rd.ed.

مسعودیه، محمدتقی(۱۳۷۴)، ردیف آوازی موسیقی سنتی ایران به روایت محمود کریمی، انجمن موسیقی ایران،چ ۳،تهران.

Miller, Lloyd Clifton. 1999. *Music and song in Persia: the art of āvāz*. Richmond: Curzon Press.

Pāyvar, Farāmarz. 1982. *Qata'āt-e Mūsīqī-ye Majlesī barāye Santūr*. Esfahān: Enteshārāt-e Vāhed-e Sorūd va Mūsīqī, Edāre-ye Koll-e Farhang va Ershād-e Eslāmī-ye Esfahān.

پایور، فرامرز(۱۳۶۱)، قطعات موسیقی مجلسی برای سنتور، انتشارات واحد سرود و موسیقی، ادارۀ کل فرهنگ و ارشاد اسلامی اصفهان، اصفهان.

Sabā, Abolhasan. 1991 (1958). *Doure-ye Sevvom-e Santūr* 4th.ed. Tehran: Enteshārāt-e Montakhab-e Sabā.

صبا، ابوالحسن(۱۳۶۹)، دورۀ سوم سنتور، انتشارات منتخب صبا،چ ۴، تهران.

Tsuge, Gen'ichi. 1970. "Rhythmic aspects of the avaz in Persian music", *Ethnomusicology*, 14/2: 205-27.

第3章

打弦楽器を巡る試行錯誤

——インドとイランのサントゥール

1 ｜ はじめに

インドとイランには共に多彩な弦楽器が存在している。それらは奏法の観点から撥弦（シタール、サロード、タンブーラー、タール、セタール、ウードなど）、擦弦（サーランギー、ディルルバ、キャマンチェ、ゲイチャクなど）、打弦の3種に分類されるが、本章では、サントゥールと呼ばれる打弦楽器——主として台形の共鳴胴の上に張りめぐらされた多数の弦を両手に持ったバチで打つ楽器——について考えたい。筆者は西アジア・イランのサントゥールの演奏を専門としているが、

写真1 イランのサントゥール

ある音楽ジャンル内で打弦楽器が置かれている状況を考えるとき、北インドの古典音楽ヒンドゥスターニー音楽におけるサントゥールの立場と、イラン伝統音楽におけるサントゥールの立場には、興味深い類似点が多い。そこでここでは、打弦楽器であるがゆえにサントゥールが持つディスアドバンテージと、そうした立場を克服するためのサントゥール関係者の試行錯誤に焦点をあてて考えてゆきたい。

2 ｜ サントゥールという立場

　イランのサントゥールにはファラーマルズ・パーイヴァル Farāmarz Pāyvar فرامرز پایور（1933-2009）[注13]、パルヴィーズ・メシカティアン Parvīz Meshkātian پرویز مشکاتیان（1955-2009）[注14]、アルダヴァーン・カームカールなど多くの著名な奏者が存在し、多くの学習者・愛好家たちが存在している。サントゥール界の内部にいるものにとって、この楽器はとてもメジャーである。しかし一歩外に出てみると、この楽器に対してはネガティブな反応も実は多くみられる。

　その理由はいくつかあるが、まず挙げられるのは調弦の手間である。標準的なもので72本もの弦を、演奏する旋法に応じてその都度調律する必要がある。またその原始的な構造ゆえに、厳密な意味では正確に調律しきれず、また温度や湿度によってはそれほど長く保持できるわけでもないため、こまめな再調律が必要なのである。

　また音楽表現の観点からいえば、イラン音楽ではいかに器楽であってもアーヴァーズ（声）の雰囲気をうまく模倣できるかが非常に重要

注13　テヘラン生まれの作曲家・サントゥール奏者。二つのサントゥール用ラディーフ Doure-ye Ebtedā'ī دورهٔ ابتدایی/Doure-ye 'Ālī (Radīf-e Chap Kuk) دورهٔ عالی (ردیف چپکوک)や数多くのサントゥール作品の発表、多くの著名な音楽家たちとの録音・演奏活動により、サントゥールという楽器の伝統音楽における認知度を飛躍的に高め、現代サントゥール奏法の礎を作り上げた第一人者である。

注14　ネイシャーブール生まれの作曲家・サントゥール奏者。1977年に主宰したアーレフ・アンサンブル Gorūh-e 'Ālef گروه عارف など、国内外で数多くの演奏・録音を残した。セタールにも造詣が深く、サントゥールの流麗な音色と演奏技術そして楽曲の秀逸さなど、現代のイランにおいて最も高く評価されている音楽家の一人である。

なのだが、他の楽器に比べサントゥールは構造上ポルタメントやビブラート（音を伸ばす際にその高さを揺らすこと）が演奏不可能であり、また音色の時間上の変化も単音では付けることができない。すなわち声の模倣に関しては圧倒的に不利なのである。タール・セタール奏者のマヒヤール・モシュフェグ Mahiyār Moshfeq مهیار مشفق は次のように言う。

> 「（様々な楽器を持ち寄って複数人で即興演奏をする際[注15]）、サントゥールは（その構造上の制限のために）、場にフルに参加することが非常に難しい[注16]。また（その場ごとに違う）歌い手の声域に合わせることも困難である。」
> [2018年2月のインタビュー、括弧内は筆者による補足]

　このような、サントゥール特有の構造上の限界はイランに限ったことではない。もともとカシミール地域のものであったサントゥールを北インドのヒンドゥスターニー音楽へ導入したシヴクマール・シャルマ Shiv Kumar Sharma（1938-）はその著書 *A journey with a one hundred strings* において、カシミール・サントゥールをヒンドゥスターニー音楽へ適応させるために、楽器の構造や演奏法をどのように変化させたかについて詳述している。そこでの試行錯誤は、前述したイラン・サントゥールのディスアドバンテージとも照応する部分が多く大変示唆に富むものである。そこで次節では、同書の記述を元に、彼の

注15　このように複数の楽器で声楽家をも含めて即興演奏を行うのは、イラン音楽の非常にオーセンティックなあり方で、同氏は定期的にそうした場を主宰している。

注16　基本的にサントゥールは1オクターヴに7音しか置くことができず、一般的な9駒タイプの場合、そのうちのミとファについては変化音も配置可能である。しかしモードギャルディによって別の旋法に音楽が移ってしまうと、事前に調律された音以外は出せないサントゥールにとって追随は難しくなる。

試行錯誤のいくつかを見てみよう。

3 カシミールからヒンドゥスターニー音楽へ

　サントゥールはもともとサンスクリット語で「百弦のヴィーナー shatatantri vina（100-stringed vina）」を意味し、カシミールではスーフィアナ・カラム sufiana kalam というスーフィーの献身歌（過半数はペルシア語で残りの大半がカシミール語。一部ウルドゥー語）の伴奏に使われていた［Powers 1993:394］。

　現在、ヒンドゥスターニー音楽における代表的なサントゥール奏者であるシヴクマール・シャルマは、ジャンムー・カシミール州出身で、幼少の頃より父から声楽と打楽器タブラの教育を受けていた。14 歳のとき、スリナガルのラジオ局に一時的に派遣され現地でサントゥールと出会い感銘を受けた父から突然この楽器を託され、演奏するように命じられた［Sharma 2002:13］。以降、彼は同楽器をヒンドゥスターニー音楽に対応させるための様々な改造を行った［Ibid:56］。

　まず取り組んだのが、演奏ポジションの変更である。このことは、それまで木製の脚の上に置いていたものを膝の上に置くことで、とりわけ速いパッセージでの余分な響きを抑えることに繋がった。またこれと関連して、弦の数の変更も行った。各音につき 4 本配置されていた弦を 3 本に変更することで、余分な響きの軽減と共にチューニングの手間の軽減にも繋がることになった。

写真2　カシミールのサントゥール

［デリー National Academy of Music 所蔵写真］

写真3　シヴクマール・シャルマ氏（右）と筆者

［ムンバイの自宅にて　2016年8月］

写真4　台に乗せ演奏するカシミール・サントゥール

［デリー National Academy of Music 所蔵写真］

写真 5　サントゥールを膝上に置くスタイル。
　　　　シャルマの弟子のサントゥール奏者
　　　　新井孝弘氏［同氏提供］

写真 6　ひとつの駒につき 4 本の弦が配置されてい
　　　　るカシミール・サントゥール

［デリー National Academy of Music 内の
Museum of Performing Arts にて撮影］

写真 7　ひとつの駒につき 3 本の弦が配置されている現在のサントゥール

58

　次に挙げられるのが、弦配置の変更である。サントゥールの基本的な弦配置の構造は、ひとつの駒の上に同音に調律された弦が４本ずつ乗るという形で、多数の弦が盤面上の右側と左側に並べられた駒で交互に支えられているというものだ。構造上打弦可能なのは、右側の駒で支えられた弦の両側、左側の駒で支えられた弦の両側となる（計４面）が通常は、左右の駒の内側のエリア（計２面）を打弦する。

　Pacholczyk によれば、元々カシミール・サントゥールの弦配置は、もし弦の素材が全てスチールならば、７音音階で縦に並んでいる音階は、左右でユニゾンとなり、音域は２オクターヴ（g から g2）となる。もし弦の素材がスチールとブラスの２種ならば、ブラス弦は右側の駒の上に張られ、１オクターヴ下の音域を担うことになる。一部の音楽家は左駒に張られたスチール弦の左側も演奏するが、その面は左駒に張られた弦の右側の１オクターヴ上に調律されるため、弦の素材が２種である場合サントゥールはオクターヴ違いの３つの音域を持つことになる [Pacholczyk 1996:35]。そしてこの３オクターヴ状態のサントゥールはイランのそれと全く同一構造——７音音階で縦に並んでいる中音域、１オクターヴ下の複製が右側に（低音域）、１オクターヴ上の複製が左側に（高音域）——となっている注17。

　シャルマは、このカシミール・サントゥールをヒンドゥスターニー音楽に導入するにあたって、まず右面のブラス弦を取り去り、再びスチール弦のみにすると共に、スチール弦の左右を従来のようにユニゾンにするのではなく、左面側に変化音を配置して半音階を実現した [Sharma 2002:56]。そのことによって、多くの旋法に対応させたのである。これは、前述のモシュフェグの指摘にあるような、「１オクターヴを基本的には７音のみで構成するため、いったんひとつの旋法に調

注17　この弦配置には、左右の移動だけで容易にオクターヴ移動ができるというメリットがある。

図1　イラン・サントゥールの弦配置　[谷 2016:101]

サントゥール上面からの写真

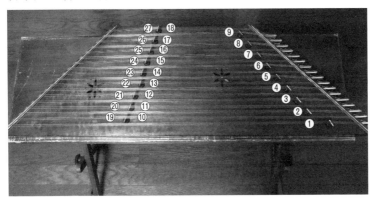

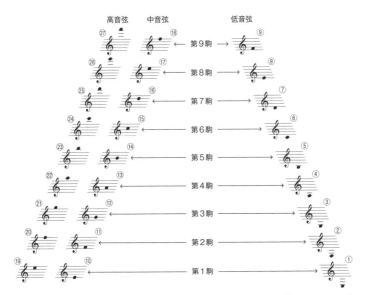

[Pāyvar 1961:10]

律してしまうと他の旋法や変化音に対応しにくい」というサントゥールの欠点を補うものである。もちろん、カシミール・サントゥールも、そしてそれに非常に似た弦配置を持つイラン・サントゥールにおいても、そうした変化音を別の音域（面）の音で部分的に補うことはあるが、シャルマが行ったのはより根本的な改革——当面の旋法に必要な音を原則として右面に集め、同音域の左面には変化音を置くことで他の旋法にも常に対応できる、というあり方である。

　さらにユニークなのはチカーリー弦と呼ばれるものの設定の仕方だ。一般にインド音楽の楽器では、主たる使用弦以外に、それ（ら）だけでその旋法の雰囲気を醸し出すように調律された開放弦をチカーリー弦と呼び、ドローン（持続音）やリズム的アクセントをつくり出すために使用する。シャルマは、サントゥールにおいては通常複数弦が同音に調律されるはずのものを、ある特定の1駒のみ異なった音に、例えば「サ・サ・ガ・パ」に調弦することで[注18]、チカーリー弦とした［Ibid］。これは、一打のみで和音を出せ、当該ラーガの基調的雰囲気を醸し出すことができるという意味で、イラン・サントゥールには全く無い特徴となったのである。

写真8　他と違い4本となっているチカーリー弦

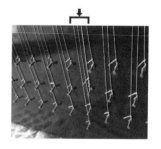

注18　インド音楽の音名は順にサ・リ（レ）・ガ・マ・パ・ダ・ニと名付けられており、ラーガによって異なる複数の調弦方法があるが、ここでは主音的役割を果たすサとその完全5度上のパ、そしてその間の、ラーガによって変化する第3音ガに調律されている。

4 ｜ 声の模倣という難題

　これらの試みのなかで、最も解決せねばならず、かつ最もハードルが高かったのは、声の模倣という課題であった。すでに述べた通り、サントゥールはいわば解放弦のみを打つ楽器であり、他の弦楽器のように音程を変えるために弦に手で触れることがない。そのため、ミーンドと呼ばれる、音を延ばすなかで他の音と繋げ、切れ目のないフレーズを作り上げるためのポルタメント的技法は不可能であった。そしてこうした音が途切れる状態では、（ヒンドゥスターニー音楽において演奏の冒頭部分でラーガの基調的雰囲気を自由リズムのなかで紹介する）アーラープは「不完全なもの」［Sharma 2002:52］となってしまう。これはカシミール・サントゥールがヒンドゥスターニー音楽で認知されるためにどうしても克服せねばならない問題だった。

　そこでシャルマが考案したのが、ガシート（擦る）と呼ばれる奏法である。彼はこの奏法の具体的なやり方について、著作や映像作品のなかでも詳しくは言語化していないが、筆者がサントゥール奏者の新井孝弘氏や宮下節雄氏から得た証言を元に説明を試みてみよう。

　インド・サントゥールに使われるバチは、イランのものに比べると格段に重い。また、バチの先端は、フェルトなどを貼る場合が多いイランのものとは異なり、木がむき出しの状態なのだが[注19]、その重さを利用してバチの先端を弦上に落下させると、バチは弦に当たったの

注19　イランにおいても、古いスタイルにおいては木材そのままであったが、現在ではフェルトなどの素材が先端下面に貼り付けられているのが一般的である。

62

ちに跳ね返り、わずかではあるがいくばくかバウンドすることになる。インド・サントゥールではこれと類似したバウンドの連続を、小太鼓などと同じく、音を延ばすために使うことになるのだが[注20]、非常に興味深いのは、木製のバチの先端の下面、すなわち弦との接触面に無数の切込みが入れてあるということである。その切込みは、奏者がバチを構えたポジションから見れば、左右に張られている弦と同じ横向きに入れられている。そこで、奏者が弦上でバチを前後に軽く動かすと、弦との間に摩擦が生じ、非常に微細なバウンドが連続して生じ、それが音の持続に繋がるという仕組みになっている。シャルマはこの奏法をガシートと表現している。

　イランのサントゥールでは音を延ばすとき、左右のバチで交互に連打するトレモロ奏法をするというのが唯一の方法である[注21]。しかしインド・サントゥールの場合は（もちろん修練が必要ではあるが）バチをわずかに前後に擦ることで片手だけで音を延ばすことが可能であるし、そのまま前後に大きく動かせば、他の音へのポルタメント的移動——ミーンドもニュアンスとしては可能になる。つまりここにも、シャルマによるカシミール・サントゥールの弦配置変更の意味、すなわち当面の旋法に必要な音を右面（縦一列）に集めることの必要性が見て取れるのである。そうすることで、ガシート奏法によるバチの前後移動のみで、アーラープのような、演奏するラーガの基調的音階を滑らかに演奏することが可能になるのである[注22]。

注20　一方、フェルトを貼ることが一般化しているイランのサントゥールでは、奏法として使えるほどにはこのバウンドは起きない。

注21　インド・サントゥールのものに比べると大変軽いので、素早く細かいトレモロ奏（ペルシア語では「細かい」を意味するリーズ rīz ريز という）が可能である。

注22　必要ない音がその縦列に含まれる場合は、その音を左手の指でミュートさせながら、ガシート奏法のままその弦上を通過して次の音へ行けばよい。

写真 9　インド・サントゥールのバチと、弦との接触面に施された切込み

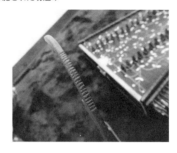

写真 10　イラン・サントゥールのバチ[注 23]

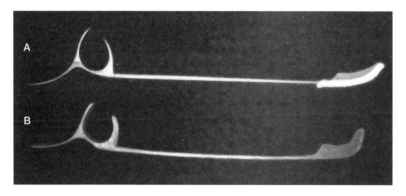

注 23　現在は A のように、先端下部にフェルトなどを貼り付けることが一般的である。B の
　　　モデルは、何も付けない状態で演奏するスタイルで知られるマジッド・キアニ Majid Kiāni
　　　مجید کیانی 氏（1941－）の教室で販売されているもの。そのまま使われることを想定しているた
　　　め、A に比べると持ち手や先端が大ぶりで重めである。

5 イランにおける異なった帰結 ——器楽的性格の強化へ

　一方イランにおいては、これほどにラディカルな、ポルタメント的ニュアンスを実現するための個人の創意工夫は見当たらない。あるのは、サントゥールに限らない器楽全般に対して必須とされている、タハリールと呼ばれる地声と裏声を交互に出すイラン声楽独特の技法の模倣である。

譜例1

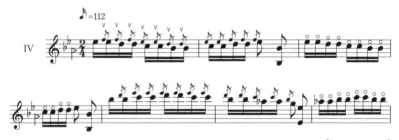

[Pāyvar 1961:43]

　譜例1はサントゥール教則本にある練習曲の一例であるが、このタハリールを模した類似の練習曲は他の楽器の教則本にも必ず存在している。つまりこの技法は、サントゥール独自の、声に近付こうとする創意工夫というわけではない。もちろん細かなレベルでの工夫がないわけではないが、画期的と呼べるほどのものは現時点では見当たらない。それは、イラン・サントゥールにおいては、声の模倣は必須課題でありつつも、第5章で詳述するように「早弾き」「超絶技巧」とい

う器楽独自の性格をも飛躍的に発展させてきたこととも無関係ではない。同じ器楽性といってもインド・サントゥールのそれは、イランとはやや異なり、リズム楽器としての側面を明確に持っていることかと思われる（例えば、ヒンドゥスターニー音楽ではサントゥールとタブラは明確にそして頻繁に「会話」をする）。しかしイラン・サントゥールとイランの打楽器トンバク tonbak تنبک との間では、そうした相互作用はほとんど見受けられない。このことからもイラン・サントゥールはここ 20 ～ 30 年ほどの間、ソロ志向と超絶技巧とが互いに連動する形で展開してきた傾向があったと言えるだろう。

写真 11　超絶技巧をその特徴のひとつとするコンテンポラリー・イラン・サントゥールの巨匠アルダ
　　　　ヴァーン・カームカールのレッスンの様子

　またシャルマ以外にもデリーを中心に活動するバジャン・ソポリ Bhajan Sopori（1948-　）など、インドの場合は元々限られた少数の個人がサントゥールをヒンドゥスターニー音楽に持ち込んだため、そこでの創意工夫がそのまま定着したという側面もあるだろう。しかしイラ

ンにおいては、演奏人口規模を考えるならば、すでに定着していた弦の配置や奏法についての大きな変更が受け入れられる可能性は少なかった。つまりこのことは、打弦楽器という声を模倣する上でのディスアドバンテージが、イランでは超絶技巧という「アドバンテージ」に転換されて大きく演奏人口を増やし、一方インドにおいては、シャルマほどの認知度・功績を以ってしてもサントゥール奏者の数が音楽人口全体から見れば依然として少ないという、両者の異なった帰結の表れとして見ることができるのではないだろうか。

引用・参考文献●

谷正人 2016 「サントゥール演奏の新しい身体性──『楽器盤面の地政学』へ向けて」西尾哲夫 / 水野信男編『中東世界の音楽文化──うまれかわる伝統』、スタイルノート、pp.98-115

Pacholczyk. Jozef M. 1996. *Sūfyāna Mūsīqī: The classical music of Kashmir.* Berlin: VWB

Pāyvar, Farāmarz. 1961. *Dastūr-e Santūr.* Enteshārāt-e Vāhed-e Sorūd va Mūsīqī, Edāre-ye Koll-e Farhang va Ershād-e Eslāmī-ye Esfahān.

پایور، فرامرز(۱۳۴۰)، دستور سنتور، انتشارات واحد سرود و موسیقی، ادارهٔ کل فرهنگ و ارشاد اسلامی اصفهان، اصفهان.

Powers, Harold S, 1993(1980)「カシミール」項目　『ニューグローヴ世界音楽大事典第 4 巻』講談社

Sharma, Shivkumar 2002. *A journey with a one hundred strings.* Penguin India.

参考映像作品●

Antardhwani : a film on Pandit Shiv Kumar Sharma. 2007 Director : Jabbar Patel. Films Division Of India.

第4章

指で感じ理解すること

——楽器間で異なる身体感覚の研究に向けて

1 | はじめに

　本章は、専門楽器を異にする様々な演奏家たち——アーヴァーズ（声楽）から、トンバク、タール（およびセタール）、サントゥール、ネイ ney ‎نی‎、キャマンチェ、ウードなどの様々な器楽奏者たち——が、イラン音楽という共通の土台を経験しつつも、どのように互いに異なった身体感覚を持ちながら音楽を営んでいるのかを記述しようとするものである。

　そもそも、私たちがよく口にする「＊＊音楽を専門としている」という言説は、いったいどのような事態を指すのだろうか。ひと口に「＊＊音楽を専門としている」といっても、その中身は非常に多岐に亘（わた）っている。人が音楽を抽象的に想像しようとする場合でさえ、音そのものだけを他の要素から切り離して思索しているとは限らない。ピアノにたしなみがあるものは無意識に、ピアノの構造やそれを弾く身体の限界（やメリット）のなかで音楽を扱うだろうし、歌によりたしなみのあるものは、声域という制約のなかで、しかし「声の肌理（きめ）」のようなメリットを無意識のうちに享受しながら音楽を創るだろう。結果として、人は音そのものだけを扱っているようでありながら、そのアウトプットには、演奏する楽器の違いなどの個々人によって異なる具体的な身体経験の影響が色濃く残っているということになる。

　イラン音楽の場合では、ピアノと同様、音を出すという所作そのものが他の楽器に比べて比較的簡単なサントゥール——すでに所定の音に調律された弦を一本のバチで打つという一動作で発音が完結する

——は、その発音の容易さゆえに、奏者により多くの音数で以って音楽を埋め尽くさせようとする、ヴィルトゥオーゾ的とも言えるアフォーダンス性を有している。その一方で、タールやセタールなどの、一方の手で音程を決め（同時に揺らし）、別の手で発音させる（音量なども調整する）というやり方で演奏する他の多くの楽器は、音を出すという行為そのものに関してはやや手間が掛かるが、その行為が「音程の揺らし——ビブラート」、「音量などの調整——ダイナミクス」と不可分であるために、音数を増やすというより、たとえ音がひとつであっても、まずそれを音楽的に響かせるという方向へと自然と音楽家を導く。その傾向は、ネイやキャマンチェなどの「音を伸ばす」系の楽器により顕著である。

　このような各楽器の持つ身体性——別の言い方をすれば、楽器そのものが人に対して働きかけるアフォーダンス性——が、生み出される音楽の性質に強く影響を与えていることは、音楽家にとってはもちろん自明のことであろう。例えば合奏曲の作曲においてオーケストレーションの問題を考える際に作曲者は、身体性を含むこうした楽器ごとの特性を無意識のうちに考慮しているだろう。同様に研究者にとっても、楽器間の身体性を考える作業は、音楽家がイラン音楽をどのように把握・理解しているのかというテーマを考える上でも大変示唆に富んでいる。そこで本章では、2014年1〜2月にかけて行ったイランでのフィールドワークの成果をもとに、特にセタールやウードなどの身体性とサントゥールのそれとを比較するなかから、音楽認識・理解に関わる身体経験の差異を考察してみたい。

2 | 楽器間のヒエラルキーさえ引き起こす
音楽体験の差異

　最初に確認しておきたいのは、同じ「イラン音楽を専門としている」という事態のなかでも、どの楽器を専門としているのかによって、音楽体験の内実は大きく異なり、さらにはその経験の差によって楽器間のヒエラルキーまでもが引き起こされているという点である。筆者は、これまでイランで行ったフィールドワークのなかで、声楽家ラームボッド・ソデイフ Rāmbod Sodeif رامبد صديف 氏（1935− ）による、次のような発言を直接あるいは間接的に聞いた。

　　サントゥールを中心的に習得してきた筆者に向かって「どうしてサントゥールを選んだのか？　他の楽器を選ぶべきだった。」と発言
　　［2009 年 2 月］

　　サントゥール奏者であるクーロシュ・マティン Kourosh Matin
　　کورش متین 氏（1974− ）に対して「（サントゥールを）燃やしてしまえ」と発言
　　［マティン氏へのインタビューより 2014 年 1 月］

　サントゥール奏者に対する、このような発言の背景には、まず以って氏が声楽家であることと無縁ではない。イラン音楽の中心はまず何よりもアーヴァーズであり、他の楽器は独自のテクニックや技巧性を発揮することがあるものの、やはり優れた音楽家と見做されるために

は、いかにアーヴァーズの雰囲気を上手く模倣できるかにかかっている。ところが、全てのイラン楽器に課された、このアーヴァーズの模倣というハードルに対して、サントゥールは極端に分が悪い。それは、他の楽器に比べサントゥールはその構造上ポルタメントやビブラートに関しては演奏することが不可能であり、また発音後に単音では音色に変化が付けられないためである。こうした認識は、多かれ少なかれ多くのプロの音楽家（あるいはアマチュアの愛好家）たちにも共有されており、アーヴァーズに次いでイラン音楽らしい味わいや響きを醸し出す楽器としては、タールやセタール、ネイやキャマンチェが上位にくるのが常である。そうしたわけでサントゥールは、その超絶技巧的な魅力が喧伝されることはあっても、汎イラン音楽らしい味わいや響きについては表現しにくい、という主張にも繋がるのである。

　ここでいう「イラン音楽の味わい・響き」とは、音楽家によって定義も異なるだろうし、客観的に記述することが困難だろう。そこで筆者は、こうした言明が出てくる背景を、各楽器奏者が持つ身体感覚の差異から説明することを試みたい。

3 ｜ サントゥールとセタール（およびタール）の身体性の違い

　例えばここで、極めてシンプルなメロディ——例えばソラシドレミファという単純な上昇音階——が、いかに各楽器奏者によって異なった身体感覚で演奏されているのかという事例を考えてみよう。この音列をサントゥールで弾こうとする場合、奏者の身体感覚においてまず

72

何よりも意識されるのは、図1に示されている通り、ミとファが楽器構造によって分断されているという事態をいかに克服するかという問題である（通常の演奏では、奏者は一番奥のファを演奏せず手前から2番目のファを選択する。従って分断はミとファとの間に存在することとな

図1　サントゥールの弦配置
サントゥール上面からの写真

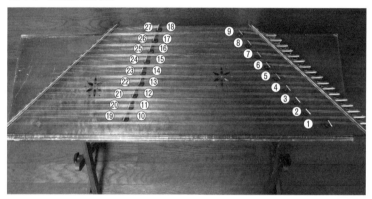

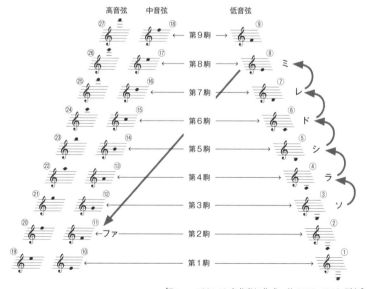

［Payvar 1961:10 を参考に作成。谷 2016: 101 に所収］

る）。すなわち、ミとファとの間をいかに滑らかに演奏することができるかという技術的課題が、楽器構造によって奏者に課される。

　その一方でセタールなどの奏者にとってまず身体感覚として迫ってくるのは何よりも、このソラシドレミファという音列が、開放弦である──つまり左手の操作を必要としない──ソを除いて、図2に示されているように（低音側である第2弦による）ラシドと（高音側である第1弦による）レミファという二つの音列が同一の指使い（人差し指・中指・薬指）および同一のフレット位置（各構成音間の音程関係）によって構成されているという事実である。このことよってセタール奏者は、ソラシドレミファという音列を、「ソ−ラシド」と「ド−レミファ」という全く同一の構造を持ったテトラコード（4音列からなる完全4度の枠組み）が二つ重なったものとしてこの音階を「指から」認識するのである。

図2　セタールの押弦位置

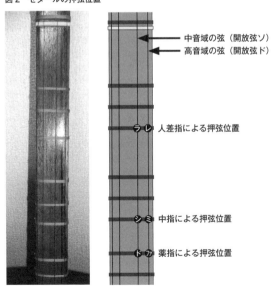

　このような認識は、セタールやタールあるいはキャマンチェ奏者などに必然的に見られる音楽認識であり、しかし一方サントゥール奏者にとっては、なかなか自発的な音楽認識にはなり得ないものだと言えよう。なぜなら、そもそもサントゥール奏者にとっては、演奏のその瞬間に音程を決定するという作業が必要ないため、その演奏行為は、セタールで言えば、フレットを操作する片手側の作業が不要なまま演奏している――すなわち、弦をはじく片手だけでセタールを弾いている――ようなものだからである。

　こうした奏者の身体感覚の違いをさらに追求するならば、音楽は、もはや音だけで認識されるものではないという主張にも繋がってくる。例えばイラン音楽にはダストガーないしアーヴァーズと呼ばれる旋法が計12種類存在するが、それぞれの音階構造の違いは、音だけではなく実は指からも感じ取られているのだという主張である。

4 ｜ 手の構え（指の配置）から認識される　テトラコード

　一般的に、旋法や音階などの音組織の理解においては、オクターヴよりもむしろテトラコードの概念のほうが重要である場合が多い。テトラコードとは4音列から成る完全4度の枠のことであり、音階や旋法といった音組織の構造を考える際には、オクターヴ単位ではなくこのテトラコードに分解して考える――例えば、二つのテトラコードの連続配置（4度枠の端の音が共有されている）や隣接配置（一般的には長2度の間隔をとって二つの4度枠が配置されている）として考えてみ

るほうが音の動きを理解する上で有効である場合が多い。

　ダーリューシュ・タラーイー Dāryūsh Talā'ī داریوش طلایی（1953–　）[注24] によれば、イラン音楽の 12 種類の旋法には、つまるところ 4 種類のテトラコードしか含まれていないという。それは図 3 に示す通りであるが、12 種類の旋法に対してテトラコードを 4 種類としていることからも判る通り、それらは旋法横断的に存在するものである。つまりあるテトラコードは複数の旋法に共通して含まれるものであり、それゆえに旋法から別の旋法へと移動する契機となり得るものである。現在のイラン音楽の即興演奏が単一の旋法だけで完結するのではなく、いかに美しく他の旋法に移るかという点からも評価されるように、旋法をその構成要素であるテトラコードから理解することは、イラン音楽の実践のありようを理解するのに不可欠であると言えるだろう。

図 3　タラーイーによる図

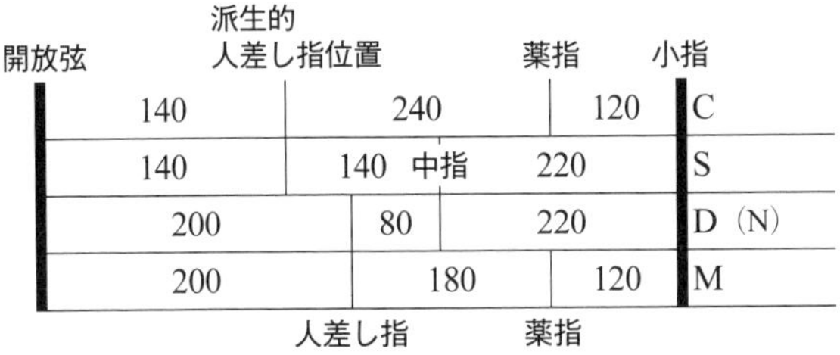

	派生的 人差し指位置			
開放弦		薬指	小指	
140	240	120		C
140	140 中指	220		S
200	80	220		D（N）
200	180	120		M
	人差し指	薬指		

[Talā'ī 1993:23]

　図 3 は、完全 4 度のテトラコードを 500 セント[注25]ととり、セタールなどで 4 種類のテトラコードを弾き分ける際に使用する指使いと

注24　テヘラン生まれのタール・セタール奏者。ラディーフに関する研究者としても著名で、本書でも多くを参照している *Tahlīl-e Radīf*（Nashr-e Ney 2015）は 2016 年のイランのブックオブザイヤーを受賞した。テヘラン大学でも長く教鞭を執っている。

注25　アレクサンダー・ジョン・エリス Alexander John Ellis（1814–1890）によって考案された音程を図るための単位。半音程を 100 セントととることで微小な音程を表記するために使われる。

共にそれぞれのテトラコード内部の音程関係をセントで示したものである。セタール奏者バーバック・モダッレスィ Bābak Modarresi بابک مدرسی 氏（1974– ）は筆者とのやりとりのなかでこのタラーイーの理論を、50セント（4分の1音）を「1」と換算した上でそれぞれのテトラコード内部の音程関係を比率として説明した（2014年2月）。それによれば

1. シュール shūr شور （S）と名付けられたテトラコードは、完全4度内を4：3：3で区切る音程関係（ド～4～レ～3～ミ♭～3～ファ）

2. マーフール māhūr ماهور （M）と名付けられたテトラコードは、完全4度内を4：4：2で区切る音程関係（ド～4～レ～4～ミ～2～ファ）

3. チャハールガー chahārgāh چهارگاه （C）と名付けられたテトラコードは、完全4度内を3：5：2で区切る音程関係（ド～3～レ♭～5～ミ～2～ファ）

4. ダシティ dashtī دشتی （D）注26 と名付けられたテトラコードは、完全4度内を4：2：4で区切る音程関係（ド～4～レ～2～ミ♭～4～ファ）

となっている注27。

　ここで注目したいのは、これほど重要な4つのテトラコードのそれぞれを奏者がどのように認識し分けているかという問題である。もち

注26　［Talā'ī 2015］ではナヴァー navā نوا と改称されている。従って第6章ではNと表記する。
注27　詳しく見れば、両者には数値的な違いがある。モダッレスィ氏による説明の「2」という音程比率は、理論上は100セントであるものが図3では80～120となっている。同様に「3」という音程比率は、理論上は150セントであるものが140に、「4」という音程比率は理論上200セントであるものが180～220に、となっている。またシュールのテトラコードの比率について、モダッレスィ氏は図3でいうところの中指を起点として（220:140:140として）それを説明している。

ろん鳴り響く音であるからそれらが耳から識別されるということは論を待たない。しかしここで着目したいのは、同じ4度内の差異をどのように身体が、さらに言えば手指が認識し分けているか——いかにテトラコード内の音程差を指で感じているか——という問題である。この問題を、「サントゥール対タール（セタール）あるいはウード」との比較から考えてみよう。

5 ｜ 指から気付くという優位性

　すでに述べた通りサントゥールは、演奏する旋法に合わせて、あらかじめ弦を調律しておく楽器である。つまり、演奏時においては、いかに異なったテトラコードを弾こうとも、4度内の構成音を打つという動作自体には何の変化もない。奏者が打つ弦の位置とそれに伴う身体感覚は別の旋法（やテトラコード）に調律されたときと何ら変わらないのである。しかし、タールやセタールなどの、演奏時に一方の手で音高を決める楽器では事情は異なる。あらかじめ調律された弦を打つだけの作業とは根本的に異なる身体感覚がそこでは生まれている。それは演奏の都度、各旋法（やテトラコード）に合わせた音程を手指が能動的に選んでいるという身体性である。何か至極当たり前のことを指摘しているだけのように思えるかもしれない。しかし上述した、「テトラコードは複数の旋法に共通して含まれ、それゆえに旋法から別の旋法へと移動（モードギャルディ）する契機となる」という点を考慮するならこのことは、「ある特定のテトラコードを弾く際の指の

感覚が、同じテトラコードを含む他の旋法の想起へと繋がり、そのことによってモードギャルディがより自然なものとして促進される」という仮説へと結び付く。つまりあらかじめ弦が調律されている（結果として身体性には何の変化もない）サントゥールより、その都度指で音程を選びテトラコードごとに特有の身体性があるセタールなどのほうが、モードギャルディはより自然なものとして音楽家に認識されるということである。

　一般的にサントゥールにおけるモードギャルディの不自由さは、基本的には1オクターヴに7音しか音を準備できないという、サントゥールの構造上の制約に起因するものとして説明される。しかしそこに奏者側からのリアルな身体感覚をも含めるならば、サントゥール奏者にとっては自分がいったいどのテトラコードを弾いているのかという判断材料が身体上からは何もなく音響からのみ判断せざるを得ないという理由も追加されよう。このことは、それがセタールなどの奏者にとっては指の感覚の違いとしてもリアルに感じられているという点で対照的だと言えるだろう。

　そしてこうした指に対する意識は、フレットがなく、奏者が自身で音程を精緻に決定してゆかねばならないウードの場合さらに顕著である。**写真1**に示したのは、基本的なソラシドレミファソラシドレミという音階が、ウードにおいてどのような運指で弾かれているのかを示すものである。

　ここでは、上記の単純な音階を認識するという作業においても、（第5弦を除き）それらが「開放弦＋『半音程の関係性を持つ2音』」と「開放弦＋『全音程の関係性を持つ2音』」という二つに分かれていることがわかる。さらに言えばそれらは、運指から見ればよりその違いが顕著な「人差し指・中指」と「人差し指・薬指」という二つのグループなのである。つまり、音程関係が半音の場合は隣り合う「人差し指・

写真1　ウードの指盤上の指位置（Narimān 2012:40 を参考に作成）

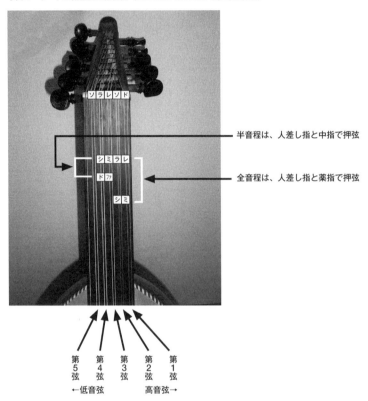

（第1弦）ド　レ（人差し指）〜〜　全音程　〜〜ミ（薬指）

（第2弦）ソ　ラ（人差し指）〜〜　全音程　〜〜シ（薬指）

（第3弦）レ　ミ（人差し指）〜半音程〜ファ（中指）

（第4弦）ラ　シ（人差し指）〜半音程〜ド（中指）

（第5弦）ソ

＊（□音は開放弦を示す。また第6弦以外の各弦は複弦である。）

中指」の組み合わせを用い、全音の場合は離れた「人差し指・薬指」を用いているのである。このように、全音や半音（さらには3/4音のような中立音）というような音程の違いは、ウード奏者にとっては音響としてだけではなく、指使いの違い（指間の距離の違い）としても認識されているのであり、その意味においてサントゥール奏者の身体感覚とは決定的な差があると言えるだろう。

6 ｜ おわりに

　すでに述べたように、今自分がどのような音程構成の音楽を演奏しているのかということに対する「指からの気付き」は、イラン音楽で頻繁に行われる「旋法間の移動」という事態に対してもより多くのきっかけを奏者に対して与えてくれる。タラーイーが示した4種類のテトラコードは、いずれも現在の一般的な指使いでは「開放弦〜人差し指〜中指〜薬指」で演奏されながら、各々がある特定の指配置によって引き起こされる独特の手の（手首から指にかけての）「構え」を持っており、演奏者の身体に刻み込まれている。

　第6章でも述べるが、Aという旋法に含まれる「テトラコードa'」の手の構えは、またBという旋法にも共通して内在するテトラコードの手の構えであることが往々にしてあり、それが奏者にとってより自然なモードギャルディを促す契機となっているのである。

図4

A 旋法　→　　| A 旋法に内在するテトラコード a' |
　　　　　　| B 旋法に内在するテトラコード a' |　→　B 旋法

　このような指を起点とした認識のあり方は、サントゥール奏者に
とって実現しようもないものであり、その意味において、サントゥー
ル奏者とセタール・ウード奏者とでは、自身が今弾いているメロディ
の音構成、さらに言えば旋法（とそれを構成するテトラコード）の構造
に、どこまで身体感覚から迫れているかという点において、埋めがた
い決定的な差異があるということになるだろう。このような身体感覚
の差異は他の楽器（例えばネイなどの気鳴楽器）にも存在しているはず
で、それゆえの独特の音楽認識にも今後さらに迫ってゆく必要がある
だろう。

引用・参考文献●

Khāleqī, Rūhollah. 2012. *Dastūr-e Moqddamātī-ye Tar va Setār-e Honarestān, Book1,* Nashr-e Nāy o Ney. Tehran

خالقی، روح الله (۱۳۹۱)، دستور مقدماتی تار و سه تار هنرستان (کتاب اوّل)، نشر نای و نی، تهران.

Narimān, Mansūr.2012. *Shīve-ye Barbat Navāzī.* Enteshārāt-e Soroush. Tehran

نریمان، منصور (۱۳۹۱)، شیوهٔ بربط نوازی، انتشارات سروش، تهران.

Pāyvar, Farāmarz. 1961. *Dastūr-e Santūr.* Enteshārāt-e Vāhed-e Sorūd va Mūsīqī, Edāre-ye Koll-e Farhang va Ershād-e Eslāmī-ye Esfahān.

پایور، فرامرز(۱۳۴۰)، دستور سنتور، انتشارات واحد سرود و موسیقی، ادارهٔ کل فرهنگ و ارشاد اسلامی اصفهان، اصفهان.

Talā'ī, Dāryūsh. 1993. *Negaresh-e Nou be Te'ory-ye Mūsīqī-ye Iran.* Tehran: Moassese-ye Farhangī - Honarī-ye Māhūr.

طلایی، داریوش (۱۳۷۲)، نگرشی نو به تئوری موسیقی ایران، مؤسسه فرهنگی -هنری ماهور، تهران.

谷正人　2016　「サントゥール演奏の新しい身体性――『楽器盤面の地政学』へ向けて」西尾哲夫 / 水野信男編『中東世界の音楽文化――うまれかわる伝統』スタイルノート：pp.98-115.

第 5 章

サントゥール演奏の新しい身体性

——楽器盤面の地政学へ向けて

1 はじめに

　音楽学の分野において、身体性を巡る問題群が議論の俎上に載せられることが増えて久しい。例えば2003年出版の『ピアノを弾く身体』（春秋社）はその分野において示唆に富む論考を多く含む優れた研究のひとつである。論者のひとり大久保賢は「手のドラマ──ショパン作品を弾いて体験する」と題した論文で、ショパン作品の特徴を「スリリングな左手」「伸縮する手」「鍵盤にまとわりつく手」といった観点から分析し、楽譜や鳴り響きのみの音楽ではない「演奏することによって感得された音楽のありよう（＝生の体験)」[大久保 2003:165] を記述することで、従来の楽曲分析ではすくい取ることができない部分に光をあてることに成功した。こうした演奏中の身体経験の記述には、別の論者の伊東信宏も述べるように、それらを可能にする適切な語彙の開発や文体の確立が必要だが [伊東 2003:134]、それによって研究者は音楽実践の現場をより直接的な研究対象とすることができるはずである。

　このような問題意識のもと第4章では、専門楽器を異にする様々な演奏家たち──アーヴァーズ（声楽）から、トンバク、タール（セタール）、サントゥール、ネイ、キャマンチェ、ウードなどの様々な器楽奏者たち──が、イラン音楽という共通の土台を経験しつつも、どのように互いに異なった身体感覚を持ちながら音楽を営んでいるのかについて、サントゥールと他の弦楽器との比較を中心として考察した。本章で着目したいのは、ある同一の楽器のなかでも、音楽家によって

どれほど異なる身体性が存在するかについてである。ここでは再びサントゥールを題材に、まず汎サントゥール的な身体性について言及したのち、従来とは異なる新しい身体性について、2014 年以降継続的に行っているアルダヴァーン・カームカール（以下アルダヴァーン氏とする）というサントゥール奏者のレッスンへの参与観察をもとに記述する。そのことによって楽器構造とそれを奏でる演奏者の身体との関係性について考察したい。

2 ｜ 新しいバチ使い ——ミ・ファ間の分断を巡って

　まず考えておきたいのは、サントゥール奏法における「（左右の）バチ使い」の重要性である。言うまでもないことだが、例えばある曲をピアノで弾こうとするときに、どのような指使いでそれを弾くのかは非常に大きな問題である。作曲者や楽譜校訂者の指示をどう考慮するのか——それを絶対的な指示とするのか、あるいは積極的に無視するのか——。いずれにせよ、できあがる音楽は聴く人間にとっても弾く人間にとっても大きく変わる。その意味で指使いの選択はまさしく音楽的の解釈そのものだろう。同様に、2 本のバチで打弦するサントゥール演奏にとって、どの音に左右どちらのバチを配置するのかという問題は、音楽性の問題とも連結すると同時に、後述するように技巧性とも密接に関連する問題群である。

　この観点から再度検討したいのは、第 4 章 3 節で述べた、サントゥール奏者にとって避けることができず、サントゥール固有の技術

的課題（楽器構造によって奏者に強制される課題）である「ミ・ファ間の分断」問題である。もちろんこの技術的課題（楽器構造によって分断されているミとファをいかにスムーズに弾くか）の克服のために、初歩的教本では通常、その課題に対応した練習曲が用意されている。

譜例1 『ダストゥーレ・サントゥール（サントゥール教則）』*Dastūr-e Santūr* دستور سنتور からの練習曲

[Pāyvar 1961:18]

この練習曲でのバチ使いの指示を見ると、ドレミファを右左右左で弾くよう指示されている（通常は左手のみを∨の記号で指示。無印あるいは∧は右手の指示）。これをサントゥールの盤面上の数字（第4章図1）に置き換えると、⑮⑯⑰⑳となる。これは左右の手の配置から考えるとごく自然なバチ使い——盤面上でより右側に位置するミを右手で打弦し、より左側に位置するファを左手で打弦——であるといえる。またこのバチ使いは、90年代のイランでの筆者のレッスン経験——アボルハサン・サバーやファラーマルズ・パーイヴァルのラディーフや作品を中心とした——のなかでも決して覆されることがなかった、サントゥール奏法の基本中の基本である。しかし、アルダヴァーン氏のレッスンでは、この従来の方法とは異なるバチ使いが指導されている。それはドレミファを左右右左というバチ使いで演奏する方法である。

譜例2 レとミに右手を連続配置するアルダヴァーン氏のバチ使い

　ここで特徴的なのはミのみならず、直前のレも右手で打弦する――結果としてレとミを連続して右手で打弦するという奏法である。さらにこのバチ使いには、そもそもフレーズを左手から開始するという特殊性も存在している。

　それではアルダヴァーン氏によるこのバチ使いのメリットとはいったい何だろうか。すでに述べたとおり、ミ・ファのみが隣り合わないサントゥールでは、ミ・ファ間を他の音の間と同等に、遅延させることなく演奏しなければならない。ここで遅延が生じる大きな原因は、従来のバチ使いではレからファへの左手の移動の遅れによるものが多いのだが、実は氏によるこのバチ使いは、ファを演奏する左手に早い段階から余裕を与えるためのものなのである。そのため、従来左手で弾いていたレをも右手で弾くという方策を採っているのである。実際に試してみると、レとミの右手による連打は、利き手（右手を利き手と仮定した場合）ということもあって思ったほど負担ではなく、むしろそれよりも左手に早い段階から余裕を与えるというメリットのほうがはるかに大きかった。そしてこのメリットは、速いパッセージほどその効果が大きい。アルダヴァーン氏の演奏の特徴は一般的に、まず以ってその正確無比な超絶技巧にあるとされるが、その秘密の一端は紛れもなくこうしたバチ使いにあることがわかる。そしてその背景には、バチ使いの合理性への徹底的な追求が見られる。

3 | 重音時のバチ配置——合理性への追求

　その合理性がより端的に現れるのが、次の譜例のような重音を弾く
際のバチ使いである。

譜例3

　これまでのバチ使いでは、**譜例3**の通り、より高い音域の音を左
手、低い音域を右手で演奏するというのが常識だった。それはまず
以って、すでに述べたような構造上の制約——すなわち、その重音
が、前述の「分断されたミとファ」を挟むものである場合、ミ以下の
音高は盤面上でより右側に位置するため右手で打弦するしかなく、ま
たファ以上の音高は左側に位置するため左手で打弦するしかない——
をサントゥールが抱えているためである。そしてそのルールは、他の
「分断されたミとファ」を挟まない重音に対しても（つまり左右の手を
どのように配置しても不都合が生じない重音であっても）適用され、結
果重音のバチ使いは低音が右手、高音が左手という原則となっていた
のである。
　しかしアルダヴァーン氏のバチ使いはそれとは全く異なった原理に
基づいている。それは音高ではなく、サントゥールの盤面上でより奏
者から遠いポジションにある音を右手で、奏者に近い手前のポジショ

ンにある音を左手で弾くというものである。ここでの原理の契機となる事態は、従来の奏法と同様、「『分断されたミとファ』を挟む重音の場合、ミ以下の音高は盤面上でより右側に位置するため右手で打弦するしかなく、またファ以上の音高は左側に位置するため左手で打弦するしかない」というものである。しかし氏のバチ使いでは、この事態を奏者からの物理的な距離という点から解釈し、その原理を他の重音にも応用する。すると、確かに以下のようなメリットが生じる。

　譜例4は連続する二つの重音であるが、これを従来の奏法で弾こうとすると、譜例5のようになり、両手を共に移動させる必要が生じてくる。(譜例5のレは、最初の四分音符では左手で、後の四分音符では右手になる)

　しかしアルダヴァーン氏のバチ使いを適用すると、譜例6のように右手はレに固定したまま左手のみを移動すればよくなる。

つまりこのバチ使いは、奏者にとってなるべく手の移動を少なく済ませることができる合理的なバチ使いなのである。

　またこのバチ使いにはもう一点、演奏上のメリットがある。すでに図あるいは写真で示した通り、サントゥールのボディは台形の形をしており、そのためおおよそ3オクターヴある音域のうち、奏者の左側に位置する高音部の打弦可能領域は、かなりいびつな形をしている(写真1参照)。ここで、サントゥールの打弦可能領域について説明しよう。

　サントゥールの弦には、低音域を担当する弦と、中音域および高音

域を担当する弦の 2 種類が存在する。これらの弦は、サントゥールを真上から見ると互い違いに配置されているため混在しているように見えるのだが、手前から水平方向に見ると、弦を支える駒の位置の違いという点から、「低音弦」と「中・高音弦」は明確に異なっていることがわかる。

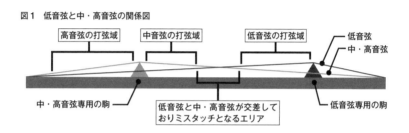

図1　低音弦と中・高音弦の関係図

　図1から明らかな通り、奏者から見て楽器右側の盤面では、低音域を担当する弦が低音弦専用の駒によってより高く持ち上げられている（共に■色で示されている）一方で、楽器左側の盤面では、中・高音域を担当する弦が中・高音弦専用の駒によってより高く持ち上げられている（共に■色で示されている）。結果として、楽器右側のエリアでは、（中・高音弦は、低音弦の高さに埋もれているため）より高く持ち上げられている低音弦しか打弦できず、楽器左側のエリアでは、（今度は逆に、低音弦は中・高音弦の高さに埋もれているため）より高く持ち上げられている中・高音弦しか打弦できないのである。結果としてサントゥールの打弦可能範囲はおおよそ**写真 1** の通りとなる。

　話をもとに戻せば、このなかで高音域エリアは音階の上昇に従って右斜め上に伸びてゆく形状をとっており、もし従来の重音奏法で弾こうとすると、右手を左下方向（低音側）、左手を右上方向（高音側）に配置せねばならず、両手が接近しかなり弾きにくくなる。しかしアル

写真 1

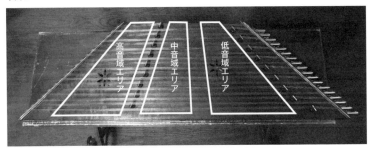

ダヴァーン氏のバチ使いでもって、奏者から遠い側を右手で弾くよう
にすれば、右手は右上方向（高音側）、左手は左下方向（低音側）、と
いう風にむしろ自然な配置となるのである。

　とはいえ、このロジックに従えば、奏者にとって右側にある低音側
のバチ使いでは、従来のバチ使いのほうが自然だとの説明も可能にな
る。すなわち低音側の打弦エリアは高音側エリアと対称をなしている
——音階が下がるに従って右斜め下に伸びてゆく形状をとっている
——ため、右手を右下方向（低音側）、左手を左上方向（高音側）に配
置する従来のバチ使いのほうがむしろ負担がないという論理である。

　実際のところ、**写真 1** で示された打弦可能エリア内のどの部分を打
弦するのかについては、奏者ごとに差があり、重音を含むバチ使いの
実際も大きく異なっている。そして実はそれらの差異は、長く張られ
ている弦のなかでどの箇所を打弦すべきかについての各奏者の考えの
違いの反映でもあるのだ。

　そこでここからは、重音を巡るバチ使いを超えて、それを支える哲
学——理想とする音色や技巧を実現するために、長く張られている弦
のなかでどの個所を打弦すべきだと音楽家たちが考えているのか——
という、より広い視点に議論を移そう。

4 | 打弦ポイントを巡る哲学

　例えば筆者が90年代にサントゥールのレッスンを受けた、サイード・サーベット Saʻīd Sābet سعید ثابت (1959-)[注28]、ファラーマルズ・パーイヴァル両氏の教えでは、打弦ポイントは各弦の駒から2〜3センチ離れた場所が推奨されていた。それらを線として繋ぎ視覚化すると写真2のようになる。

写真2　サーベット、パーイヴァル両氏の打弦ポイント（を線で繋いだもの）[注29]

　ここでの哲学は2点ある。まずひとつ目は、どの弦も駒から同程度の距離を打弦することで、音色に均質性をもたらすことが可能になるという点である。この、音色に対する均質性への意識から、サン

注28　テヘラン生まれのサントゥール奏者。ファラーマルズ・パーイヴァルの弟子であり、師のラディーフやアボルハサン・サバーのラディーフの録音も残している。

注29　後掲の写真3も含めこれらはあくまで理念であり、実際の演奏が全てそれで処理できる訳ではない。

トゥール奏者・作曲家であるパルヴィーズ・メシカティアンは、同一
音に対するトレモロ奏においても、両手はできる限り近付けるべきで
あるとの見解を示している[注30]。そしてもうひとつは、「駒から2～3
センチ離れた場所」という指示によって、打弦ポイントが駒から遠く
離れすぎることを防ぐ――離れ過ぎると、「低音弦」と「中・高音弦」
との交差ポイント（それぞれの弦の高さが同じになるポイント）に近付
き、ミスタッチに繋がるため――という点である。確かに、この「低
音弦」と「中・高音弦」との交差ポイントでミスタッチを犯すのは、
サントゥール初心者によくみられる現象であるため、この「駒から2
～3センチの箇所を弾かせ、駒から離れさせないようにする」という
のはサントゥール指導の初期段階において広くかつ徹底して指導され
ているポイントでもある。

　しかし一方この点についてアルダヴァーン氏は、**写真2**のような
個々の弦に対する推奨打弦点というよりは、最初からそれらを繋げた
打弦ライン（**写真3**）を強く意識し弟子たちにも示している。さてこ
れはいかなる哲学に基づいたものなのだろうか。

写真3　アルダヴァーン氏の推奨打弦ライン

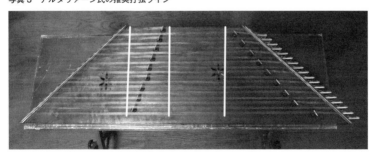

注30　同氏へのインタビューより。1998年7月。

　この推奨打弦ラインが従来の打弦ポイント群と大きく異なるのは、駒からの距離が弦によって異なるという点である。これによって確かに音色の不統一という問題は生じるかもしれない。また、特に低音側の打弦ラインは低くなればなるほど「低音弦と中・高音弦との交差ポイント」に近くなり、ミスタッチを誘発しやすい場所にある。しかし代わりに、図からも明らかな通り、低・中・高音域ごとの計3本のラインは、2列の駒群がハの字型の傾斜を形作っているにも関わらず互いに平行に、奏者側から見て垂直に真っ直ぐ――なかでも中音域のラインは奏者の真正面から伸びており、最も弾きやすい場所にある。そして氏は中音域ラインのみならず、低・高音域のラインに対しても、ラインの真正面に相対するよう身体を左右にずらす（ねじるのではなく）ようレッスンで指導している。そうすることで、他音域の打弦ラインを中音域と同じ身体感覚のまま処理できるようにしているのである。

　サントゥールのような打楽器においては、身体軸と手（打弦ポイント）との距離や方向によって、同じように見える奏法でもそれぞれコツが異なってくる。その意味において、打弦ラインを身体軸の真正面に据え、他音域の打弦ラインもその応用と考えるこの打弦法は、複雑になりがちなサントゥール上の地理をいかにシンプルなものにするのか――実際の演奏は単ラインの打弦だけで成り立っているわけではないとはいえ――という、合理性追求の賜物だと言えるだろう。それでは、アルダヴァーン氏によるこうした合理性の追求は、これまでのサントゥール演奏法の変化という流れのなかでどのように位置付けられるのだろうか。

5 ｜ 普遍化する「弾きにくさ」

　1906 年の立憲革命以降のイラン社会における近代化は、伝統音楽の分野に西洋音楽の思考や教育手法を様々な形でもたらした。例えば、本来口伝えであった音楽の伝授には五線譜が導入され、また伝統的な旋律型の伝承のみを目的としていた音楽の現場では、技術的な鍛錬を目的とした「練習曲」の概念が導入された。そしてもちろん、西洋音楽的要素そのもののイラン音楽への導入も、時期によってその後揺り戻し現象が起きるなどしたものの、長期的に見ればかなり定着し、伝統的なスタイルだけではない「コンテンポラリーな」イラン音楽を自負する音楽家たちの作品中に様々な形で見られる。とりわけ一般的になったのは、全くのオリジナルという意味でのコンテンポラリー作品ではなく、イラン音楽の即興演奏と同じく「すでにあるものを使って再生産する」という哲学を反映して、伝統的なメロディを和声に基づいたアルペジオ付けや複旋律化によってアレンジする方法である。

　しかしこのようなアレンジをサントゥール上で行おうとすると、メロディとなる高音部は左手で、伴奏部分を担う低音部は右手という分担にならざるを得ない。そしてこの「右手で伴奏をしつつ左手でメロディを奏でる」という身体性は、非利き手側でメロディを奏でるという意味において、サントゥール奏者にとっては決して自然とは言えないバチ使いなのである。さらには内的な把握の観点からも、基本的には単旋律であるイラン音楽を「メロディ＋和音（アルペジオ）」あるいは「複旋律（二声）」で把握する必要があるという意味で、従来のイ

ラン音楽とは異なった難しさが要求される。

　しかしアルダヴァーン氏の作品には、こうした理由ゆえに氏以前は積極的に採用されてきたとは言えなかった「メロディ＋和音（アルペジオ）」あるいは「複旋律（二声）」スタイルの作品が非常に多い。一般に氏の演奏や音楽は、その正確無比なバチ使いやとてつもないスピードから評価されることが多かったのだが、より特筆すべきなのは、そうした従来の弾き方の延長線上にある難しさだけではなく、実際に弾く人間の実感からすれば音数が少なくともなぜか弾きづらいというような、伝統的なサントゥール演奏の常識からは想像し難いバチ使い——独特の身体性をも一般的なものにした点にあるだろう。別の言い方をすれば氏の作品群は、トレモロ奏や連打など、打弦楽器ならでは特徴を残しつつも、サントゥールが抱える構造・技巧上の制約をあらゆる面から取り払おうとする試みであるといえるのだ[注31]。

注31　このような身体性の違いは、音をいまだ出していない——例えば「構え」の段階においても、音楽家にとっては有意な差として認識されている。例えば打弦の際の手首の使いかた——その角度や高さなど——は音楽家によってかなり差があり学習者が迷うポイントであるが、各音楽家はそれを自らの音楽性や演奏哲学の刻印としてかなりの重きをもって指導するのが常である。

　例えば、ファラーマルズ・パーイヴァル氏（およびその弟子のサイード・サーベット氏）は原則として手首から先のみを打弦のために動かす一方で、アルダヴァーン・カームカール氏および実兄のパシャング・カームカール氏たちは「ドアノブをねじる」ように肘から先をも回転させるように使うことを提唱する。また手首の高さについても、前者は手首から先をどちらかといえば下方に向けるため、手首自体がやや浮き気味になるのに対し、後者は手首から先を上方に向けるため、手首自体は低い位置に定位されることになる。これらの差によって、前者の音はより繊細で軽い音色になるのに対し、後者の音色はより力強く芯のある音になるなどの差が生まれる。

6 ｜ 高音が左側に配置されていることの意味
　　　　——楽器盤面の地政学に向けて

　このように、これまでのサントゥール演奏は、「ミ・ファ間の分断」問題と共に、高音部が左側に配置されていることによる「二声音楽」の弾きにくさという性質を構造的に抱えてきており、アルダヴァーン氏のような存在にインスパイアされつつ演奏者や学習者たちはその克服を巡る様々な困難に対峙してきたと言える。そしてそうした試行錯誤の過程においては、初心者ならば誰もが一度は「もしサントゥールの構造が左右逆ならば、どんなに楽だろうか」というような空想を思い描くという注32。しかし考えてみればすぐに判るように、左右反転という発想は、それによって解決する技術的課題もある一方で、別の技術的課題をも新たに出現させることにもなる。さらには、それまでニュートラルなものと思い込んでいた数々のフレージングそのものも大きく変化せざるを得なくなることに気付くだろう。つまり今ある技術的課題は単に克服されるべきものとして単独で存在しているのではなく、逆にメリットやサントゥールらしい特徴と表裏一体のものとして存在しているのである。アルダヴァーン氏による「サントゥールらしからぬ身体性」も、音楽やそれを奏でる身体が楽器の構造に深く規定されているがゆえにそのように認識されるのである。
　そしてそのような「らしからぬ身体」をも含めた巨視的な視点から

注32　サントゥール奏者クーロシュ・マティン氏へのインタビューより。2014年1月。

見るなら、一見馬鹿げたようにも思える次のような問いも実に興味深いものとして立ち現われてくることとなる。「もしピアノの音の並びが、左側が高く右側が低かったらピアノ演奏そしてその音楽はいったいどのようなものとなるだろうか？」

　このような問いは実は、楽器の盤面における各音の地理的な位置関係がどのように音楽に影響を与えているのかを研究する、いわば「楽器盤面の地政学」とでもいうべき問題意識へと繋がっているのである。そしてそれこそが実は楽器奏者にとってリアルに感じられてきた——しかしそれだけに、当たり前すぎて言語化・意識化されてこなかった——問題群であり、奏者たちが対峙しているのはまさしく楽器の盤面である以上、見過ごせない問題群なのである。

引用・参考文献 ●

伊東信宏　2003「音の「身振り」を記述する——ハイドンのピアノ・ソナタと楽曲分析」、岡田暁生監修『ピアノを弾く身体』、春秋社、292p.

大久保賢 2003「手のドラマ——ショパン作品を弾いて体験する」、岡田暁生監修『ピアノを弾く身体』、春秋社、292p.

Pāyvar, Farāmarz. 1961. *Dastūr-e Santūr*. Enteshārāt-e Vāhed-e Sorūd va Mūsīqī, Edāre-ye Koll-e Farhang va Ershād-e Eslāmī-ye Esfahān.

پایور، فرامرز (۱۳۴۰)، دستور سنتور، انتشارات واحد سرود و موسیقی، ادارهٔ کل فرهنگ و ارشاد اسلامی اصفهان، اصفهان.

第6章

ラディーフから何を学ぶのか？

　すでに述べたとおり、伝統的なイラン音楽の学習の場ではまず、数百ある伝統的旋律型グーシェの集合体であるラディーフが伝承される。そのことによって学習者はダストガーという旋法体系を理解し自ら即興演奏を行うようになっていくわけだが、日本の大学に在学中の93年に初めてイランに渡り、98年にイラン国立芸術大学 Dāneshgāh-e Honar دانشگاه هنر を卒業することでいったんの区切りとなった90年代の私の留学・フィールドワーク経験では、即興演奏は具体的に教えられるものではなかった。即興演奏そのものはもちろんのこと、それに繋がるヒントを意識的・具体的に教える場は私の知る限り大学にも個人レッスンにも存在していなかった。それゆえ2014年以降、再び頻繁にイランを訪れるようになった際に驚きだったのは、（それが実際にどこまで役立つものかは別としても）即興演奏そのものあるいはそれに役立ちそうな周辺題材をテーマとするクラスの存在とその数の多さであった。思い起こせば、90年代のイラン国立芸術大留学時には、即興演奏の具体的側面をそれほど扱わない教授内容に対して、不満を漏らす学生たちを何人も見聞きしていた。しかしほぼ20年の時を経て今やそうした世代が後進の指導にあたるようになり、上記の状況には大きな変化が見られるようになった。

　そこで本章では、2014年以降とりわけ筆者がサバティカルとしてテヘラン大学芸術学部に在籍した2019年度後半のレッスン現場のフィールドワークをもとに、「ラディーフを学ぶ」という事態のより具体的な側面——すなわちラディーフそれ自体にいかに即興演奏のためのヒント・手掛かりが多層的に存在しているのかを改めて考えていきたい。

1 │ グーシェ間の関係性への気付き

まず以って重要なのは、これまでも繰り返してきた「グーシェ間の関係性」である。

図1　シュール旋法の時間的構造

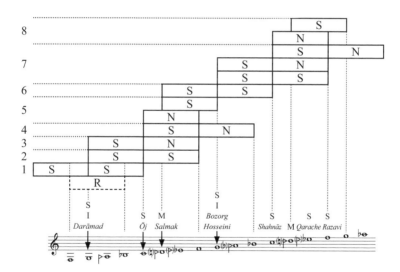

1 Darāmad درآمد, Rohāb رهاب
2 Ōj اوج
3 Salmak سلمک
4 Bozorg بزرگ, Hosseini حسینی
5 Ozzāl عزّال
6 Darāmad-e shūr-e pāyin dasteh درآمد شور پایین دسته
7 Shahnāz شهناز, Qarache قرچه, Razavi رضوی
8 Ōj dar Shahr-Āshub اوج در شهرآشوب

[Talā'i 2015:25]

　図1に示されているのは、シュール旋法に属する代表的なグーシェ群が、属する旋法内で時間的進行に伴い音域が次第に上昇する形で演奏されるという「グーシェ間の関係性」である[注33]。学習者はラディーフを繰り返し弾き暗記するなかからこの関係性を理解してゆくのである。しかし、ラディーフを繰り返し弾くなかから体得されるのはこればかりではない。

2 ｜ 4種のテトラコードの把握——モードギャルディ（旋法間の移動）のための橋渡し

　第4章で指摘した通り、イラン音楽の12種類の旋法がつまるところ4種類のテトラコード（譜例1）によって構成されているという認識は、即興演奏の展開の自由度を考える上で大きな助けとなる。

譜例1　4種類のテトラコード

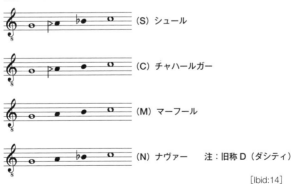

(S) シュール

(C) チャハールガー

(M) マーフール

(N) ナヴァー　注：旧称D（ダシティ）

[Ibid:14]

注33　図の下部にグーシェの名称が、その時間的進行に合わせてグループ化され、それぞれ1〜8の数字が割り当てられている。図2・3も同様。

　図2はホマーユン旋法の時間的構造を図式化したものである。こ
こではホマーユン旋法がS・C・Nと3つのテトラコードから構成さ
れていることが示唆されているが、このことはそのまま、その3つの
テトラコードのいずれかを含む別の旋法への（からの）モードギャル
ディが理論上可能であることを示している。同じことは図3のマー
フール旋法の場合にも言え、そこではM・S・N（とC）のいずれか
のテトラコードを含む他の旋法と往来可能であることを示している。

　つまり理論上では、共通するテトラコードさえあればどこからでも
モードギャルディは可能である。ましてやタールやセタール、キャマ
ンチェ奏者はそれらを聴覚だけではなく指の配置からも理解してい
る。つまり彼/彼女らは、「手癖」というレベルからもモードギャル
ディの契機があちこちに存在することを感覚的に知っているのだ。こ
うしたテトラコードに対する十全な認識は、そのまま即興演奏の自由
度（別の旋法に移動できる契機をより多く把握すること）に繋がってい
るのである^{注34}。

　とはいえ、もしモードギャルディを「完全に別の旋法に移動するこ
と」のみと考えるなら、ラディーフにはその実例は基本的には示され
ていない。しかし図1〜3のように、ひとつの旋法内に複数種のテ
トラコードが存在しそれらが時間的進行と共に移り変わってゆくさま
は、ある意味ドメスティックな意味でのモードギャルディとも呼べ、
ラディーフにはその実例が豊富にある。すなわち、テトラコードを中
心としたダストガー理解は、そもそもイラン音楽にとってモードギャ

注34　その意味において、タール・セタールのような楽器と、テトラコードに対し聴覚からし
　　か手掛かりが無いサントゥールとでは、即興演奏の直感性にはかなり差が出てくると言えよ
　　う。またそもそも序章で触れたようにサントゥール用ラディーフでは、マジッド・キアニ監修
　　によるミルザー・アブドッラーのラディーフを除き、その調律上の制限から例えばホマーユン
　　旋法内でSのテトラコードを持つグーシェ（オッザール ozzāl）が省かれており、その分、ター
　　ル・セタール奏者であれば当然知っているはずのモードギャルディの可能性や選択肢が、サン
　　トゥール奏者には最初から開示されていないという問題点がある。

ルディそれ自体がそれほど特別なことではなく、ひいては旋法間の垣
根を必要以上に意識しないというような自由さの獲得にまで繋がるの
である。

図 2　ホマーユン旋法の時間的構造

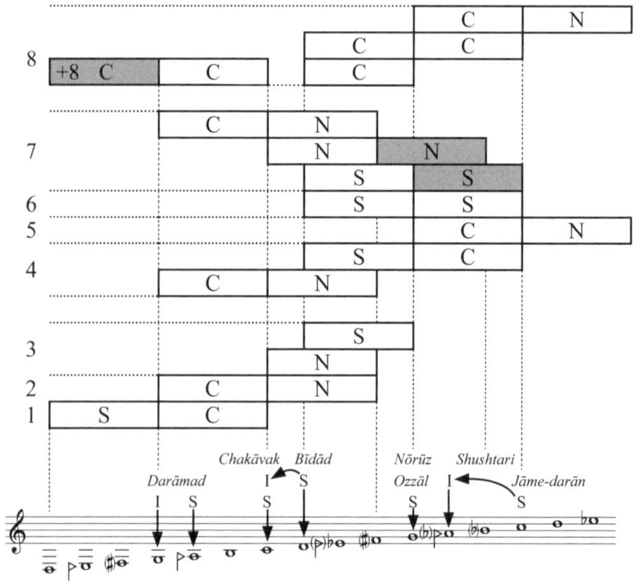

1　Darāmad درآمد
2　Chakāvak چکاوک, Bīdād بیداد
3　Ōj-e bīdād اوج بیداد
4　Nōrūz-e 'arab نوروز عرب
5　Shūshtari شوشتری, Bakhtiyāri بختیاری
6　Ozzāl عزّال, Mo'ālef مؤالف
7　Denāsori دناسری
8　Mavāliān موالیان

[Ibid:31]

図3 マーフール旋法の時間的構造

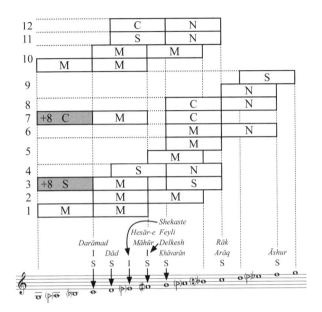

1 Darāmad درآمد, Dād داد
2 Hesār-e Māhūr حصار ماهور, Feili فیلی, Khāvarān خاوران
3 Delkash دلکش
4 Shekashte شکسته
5 Mohayyer محیّر
6 'Arāq عراق
7 Rāk راک
8 Rāk راک, Esfahānak اصفهانک
9 Safir-e rāk صفیر راک, Āshūr آشور
10 Sāqīnāmeh ساقی نامه, Harbi حربی
11 Koshteh گُشته
12 Sūfīnāmeh صوفی نامه, Harbi حربی   [Ibid:34]

3 │ グーシェ内の構造とそれに応じた旋律の展開方法についての気付き

3.1　グーシェ内の構造

　さてここからはよりミクロに見てゆこう。学習者はグーシェ間の関係性を理解するのみならず、ひとつのグーシェ内の構造すなわちグーシェ内部の音楽的展開についても気付きを得る。

　譜例 2 に示したのは、アブドッラー・ダヴァーミー Abdollah Davāmī عبدالله دوامی（1891-1980）伝承のラディーフよりセガー旋法のダルアーマド darāmad と呼ばれるグーシェを題材にその内部構造を示したものである。その構造とは、

　　序・導入部　ダルアーマド darāmad درآمد
　　詩　シェエル sh'er شعر
　　声楽技法に由来するメリスマ的装飾パッセージ
　　　タハリール tahrīr تحریر
　　終止句　フルード forūd فرود

の 4 部分である。譜例 2 ではセガー旋法のキャラクターを示す「序・導入部」ののち、3 段目より詩が歌われ、詩が歌い終わる 5 段目十六分休符以降のタハリール部によって音楽が技巧的に展開し、そして 7 段目後半のフルード部から音楽が収束に向かう様子が見て取れる。

譜例2 ひとつのグーシェ内の構造

[Pāyvar 1996:115]

　この構造は理念的な側面もあるので必ずしも全てのグーシェにその構造が明確に現れるとは限らない。しかし学習者は多くのグーシェを肉体化してゆくなかから、こうした構造の把握のみならずそれぞれの部分にふさわしいニュアンスやトーン、そしてさらには典型的な旋律の展開方法を学ぶ。以下、それを具体的に見てゆこう。

3.2 「序」部の展開例——ゼクエンツ・音数の増減

譜例3

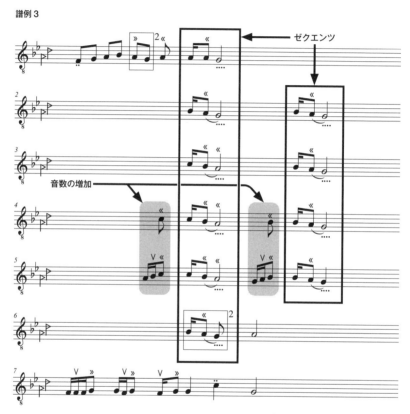

[Talāʾī 2015: 譜例セクションの3]

　譜例3は、ミルザー・アブドッラー伝承のラディーフよりシュール旋法の旋律型ダルアーマドの冒頭部である。冒頭のファソラシラソという音型から最後の2音ラソや3音シラソなど一部分が抜き出され（音数の減少）、その音型に対して様々なヴァリエーションが加えられ

る。シラソ音型は、2 段目から（一音上のドシラを伴う）ゼクエンツ
で繰り返されたり、4 段目からはそれぞれ頭に 1 音（ドまたはシ）も
しくは 3 音（ラシドまたはソラシ）が付加されたりする（音数の増加）。
このような、ある音型のゼクエンツや音数の増減という旋律展開方法
はラディーフの他の箇所にも非常に多く見られるやりかたである。

　かつて口頭伝承のプロセスを通して自然に体得され、音楽家も明
確には言語化することはなかったこうした展開方法は、ダーリュー
シュ・タラーイーによる**譜例 3**（や後掲の**譜例 6 ～ 8**）のような、音を
ただ時間順に詰めて書くのではなく、軸となる音型を縦に揃えて配置
しその展開のヴァリエーションを把握し易くした記譜法の影響もあ
り、いまや教師・学習者の間で具体的に意識・言及されるようになっ
ている。

3.3　「詩」部の展開例

　譜例 4 に示されているのはラディーフそのものからの引用ではない
が、短・短・長・短・長というリズム――ペルシア古典詩の韻律を構
成する詩脚のひとつモタファーエロン（44 ページ参照）――が、いか
に多彩な形で展開し得るかを例示したものである。

譜例 4

[Ibid:39]

　これらのヴァリエーションは、詩を介在させず純粋にモタファーエ
ロンの音楽的な操作で創ることもできるだろう[注35]。とはいえ実際のラ
ディーフでは、歌われる詩とセットでこうした音楽的展開の方法が学

[注35]　例えばタール奏者の ガーセム・ラヒームザーデ Qāsem Rahīmzādeh قاسم رحیم زاده氏（1983
－ ）のレッスンでは、**譜例3**の冒頭の「ファソラシラソ」というフレーズを題材に、その前後
に別のフレーズを肉付けさせたり、フレーズ内部にも繰り返しや装飾音などを加えふくらませ
たりすることで、数多くのヴァリエーションを生徒に作らせていた。生徒側はそれらの成果を
添削してもらい、教師側の評価が高かったものを数多く暗記し即興的に自由に使いこなせるよ
う弾き込む、という指導がなされていた。つまりここでは、事前に念入りにフレーズの引き出
しをたくさん作り、それを無意識に出すための訓練が行われていたといえよう。

ばれてゆく。

　譜例5はマハムード・キャリミー（1927-1984）伝承のラディーフに収められているアブー・アター旋法のチャハール・バーグ chahār bāgh چهار باغ と呼ばれるグーシェである（第2章4節で扱ったチャハールパーレと同じもので、ここではサントゥール用編曲版となっている）。「詩　シェエル」部では通常、半句単位で同じ韻律が周期的に繰り返される構造を持つ一編の詩が歌われるが、ここでも**譜例4**の詩脚モタファーエロンが4回繰り返される韻律バハレ・カーメレ・モサッマネ・サーレム bahr-e kāmel-e mosamman-e sālem بحر كامل مثمن سالم を持つ古典詩が歌われている。

譜例5　詩脚モタファーエロンの繰り返しによって構成されている、チャハール・バーグ

[Atrā'ī 2003:81]

　そうするとそこでは、（韻律は同じものが繰り返されながらも）そもそも部分部分で異なる言葉が**譜例4**のような音楽的ヴァリエーションを必然的に生起させるとも言えるし、さらには、詩を歌い進めること

（時間的進行）によって生じる、意味内容の動的な変化やそれに伴う感情的高まりがそうしたヴァリエーションの生成をさらに後押ししているともいえよう。序章で筆者が、イラン音楽にはペルシア古典詩の素養が必要だと述べた背景にはこのことも含まれる。ラディーフ（譜）には通常、それが器楽用のものだったとしても必ず「詩　シェエル」部のための古典詩が記載されているが、ラディーフを古典詩と共に学び歌うことにより、あるいは声楽用ラディーフを別に学習するなかから、学習者は詩の韻律と音楽リズムとの対応関係のヴァリエーションや典型例（例えば、**譜例 4** の◻部分のように、長音符の部分に短くタハリールを挿入するなど）を数多く蓄積してゆくのである。

3.4「タハリール」部の展開例

　譜例 6 は再びミルザー・アブドッラーのラディーフよりシュール旋法の旋律型ロハーブ rohāb رهاب である。第 1 ～ 2 段目でロハーブそのものの旋律を提示したのち 3 段目よりタハリールが始まっている。

　ここでも「序」部と同様、タハリールらしい切迫した音型（3 段目の十六分音符から始まる音型）が、のちの「終止句　フルード」部（一番最後に◻で囲まれた箇所）に向かって落ち着いてゆくまでの間、音数の増減やゼクエンツ、部分的繰り返しなどを織り交ぜながら展開されてゆく様子が見て取れる。このような、ラディーフ全体を通して枚挙に暇がない、多様なタハリール音型やその展開の実例を数多く蓄積することによって、学習者はそれらをまさに自分自身の語彙として使えるようになってゆくのである。

譜例6

［Talā'ī 2015: 譜例セクションの7］

4 │ グーシェの移転

　次に、即興演奏のためのアイデア・手法としてよく用いられるの
が、グーシェの移転（エンテガール enteqāl انتقال）である。これは、あ
る特定のグーシェの音楽的特徴（特にリズム的特徴）がそのまま、別
の旋法に移されて演奏・展開される様のことである。

　譜例 7 はバヤーテ・コルド bayāt-e kord بیات کرد 旋法[注36] よりバス
テ・ネガール baste-negār بسته نگار と呼ばれるグーシェであるが、そこ
では、第 1 段目で示されているこのグーシェ特有のリズム形がゼクエ
ンツでもって展開されている様子がうかがえる。そしてこのグーシェ
は、他の旋法でも同じ名称・特徴でもって（＝移転先の旋法の構成音
に沿って、しかしリズム的特徴は残すなどして）しばしば登場するグー
シェである（例：セガー旋法である**譜例 8** の 4 段目以降）。このことから
学習者は、こうしたグーシェの移転・引用は即興演奏において選択肢
としてあり、演奏者が自分の裁量で行える行為であると認識するので
ある。類似の、移転が頻繁に起きるリズム型には他に第 2 章で取り上
げたケレシュメなどがある。

注36　ダシティ旋法に類似しているため、12 種類ある旋法には一般的には含まれない。

譜例 7　バステ・ネガール

[Ibid: 譜例セクションの 79]

譜例 8　セガー旋法のバステ・ネガール

[Ibid: 譜例セクションの 182]

5 ｜ 一時停止（未決）音タアリーグ ta'līq تعليق の把握

　「グーシェの音楽的特徴を分析する上でまず注意を払わねばならない
のは、シャーヘド shāhed شاهد そしてイスト ist ايست と呼ばれる音で
ある。シャーヘドとはグーシェ全体を通して頻繁に現れ、強調される
側面を持つ音のことである。シャーヘドとは一義的には「証拠」ある
いは「証明」を意味するが、その名の通りグーシェの性格を特徴付け
る「あかし」としてシャーヘドは繰り返し現れ、強調されるのである。
一方、グーシェ内のフレーズあるいはグーシェ全体が終止する音はイス
ト（止まる、の意味を持つ動詞 īstādan〔イスターダン ايستادن〕の
語幹）と呼ばれる。このシャーヘドとイストは、同じ音が兼ね持つ事
も多く、このダルアーマドというグーシェも、ひとつの音がシャーヘ
ドとイストの機能を併せ持っている。」[谷 2007:140-141]

　これまで繰り返し述べたグーシェ間の関係性の理解とは、この
シャーヘドやイストを主要なグーシェごとに把握し、それらの時間的
推移を俯瞰的に捉えることとほぼ同義である。そこにさらにモテガイ
イェル moteghaiyer متغير 注37 を加えたこれら 3 つの音が、先行研究で

注37　変化音のこと。従来的な説明をするならば、グーシェ進行の過程で、例えばそれまでは
　ミ♭であった音がミ♮やミ♯に変化したりすることなどを指している。しかしこれはダストガー
　を「1 オクターヴの、固定された音階」と暗に考えそれと比較することから出てくるものであり、
　既述の、それぞれに異なった 4 種のテトラコードでイラン音楽の旋法がそもそも構成されてい
　るという考えのもとでは、あまり意味を為さないとも言える。

118

も指摘されてきた、イラン音楽分析上の重要な音なのである^{注38}。しかし実際に即興演奏を行う際に浮き彫りになってくる重要な音がもうひとつ存在する。それは一時停止（未決）音タアリーグである。

　譜例9は、マハムード・キャリミー伝承のラディーフよりシュール旋法の旋律型オウジ ouj اوج（101 ページの**図1**では Ōj と表記）である。オウジはキャリミーでは6番目、ミルザー・アブドッラーのラディーフでは5番目のグーシェで、**図1**から明らかな通り、G音を起点として形成されたSテトラコードよりさらにひとつ上のSテトラコードの起点である4度上のC音をシャーヘドとして音楽が展開されている。

　とはいえ、グーシェの音楽的進行とは、「グーシェ名の変化と共に完全に切り替わってしまうのではなく、むしろ相互浸透的な形で進んでゆく」［谷 2007:163］ものであり、「楽譜やその目次で視覚的に認識されるような、区切りがはっきりした、独立した個別の旋律型の集積ではない」「互いに参照し合いながら進行する、一続きの時間の流れ」［同:164］という側面を持っているため、オウジ以降のグーシェはしばらくの間、4度上のC音をシャーヘドとして強調しながらも、適宜4度下のG音へとも回帰しながら音楽が進んでゆく（↓の部分）。

　そこで重要な役割を果たすのが、一時停止（未決）音——ここではシ♭音である。ここでは**譜例9**だけを示しているが、オウジ以降の、C音をシャーヘドとするSテトラコードを基調とした音楽には、C音を強調しながらも2度下のシ♭音で一時停止する様子が頻出する（○の部分。┊┊┊┊はシ♭を中心としたタハリールで同様の機能を持つ）。そのさまは、この音がモアッラグ mo'allaq معلق 音（吊るされた、未決定の）とも呼ばれる通り、音楽が次にどこに向かうのか未決定な響きを作

注38　前掲の**図1〜3**にもそれぞれS（シャーヘド）・I（イスト）・M（モテガイイェル）として該当する音の真上に記されている。

譜例 9

[Atrā'ī 2003:23]

る。そしてその響きの通り、即興演奏上の用法としては、この音を境目として、3度下のG音に戻り音楽を収束させることも可能であるし、戻らずに再び上昇して引き続きシャーヘドのC音などを中心として音楽をさらに続けることもできる。つまりこの音は、即興演奏を行うものにとっては、演奏者の裁量で行き先を自由に決めることのできる境目であり、同時に判断のための時間的余裕をも与えてくれるものなのである。その意味において、前述の3つの音（シャーヘド、イスト、モテガイイェル）に比べ言及されにくいこの一時停止（未決）音をいかに把握し、自分のものとして使えるようになるかが即興演奏の展開の自由度に大きく関わってくるのである。

6 | 終わりに

　ラディーフというものは、学習のある段階までは、教えられた通り、暗記した通りあるいは書かれている通りに弾く側面が強いと言えるだろう。もちろん伝承された通りに正確に弾くことそれ自体は実はかなり骨が折れる作業であり、一朝一夕にはいかない作業である。しかしそれと並行して、ラディーフには、学習者自らの音楽を展開・即興してゆくためのヒントも数多く示されており、それ自体が学習者の新たな解釈・工夫を後押しするものなのである。それゆえに、ラディーフはミルザー・アブドッラーのものをルーツとしながらも、後世の音楽家たちの名を冠した数多くのヴァージョンが存在しているのだ。また楽譜として公刊していなくとも、音楽家は常に自らのヴァー

ジョンを生み出すことに誇りを持っており、それこそがイラン音楽の
生命線なのである。

引用・参考文献 ●

Atrā'ī, Arfa'e. 2003. *Haft Dastgāh va Panj Āvāz-e Mūsīqī-ye Irānī barāye Santūr.*
Tehran: Moassese-ye Farhangī - Honarī-ye Māhūr.

اطرایی، ارفع، (۱۳۸۲)، هفت‌دستگاه و پنج آواز موسیقی ایرانی برای سنتور،
مؤسسه فرهنگی-هنری ماهور، تهران.

Pāyvar, Farāmarz. 1996. *Radīf-e Āvāzī va Tasnīfhā-ye Qadīmī be ravāyat-e Ostād*
Abdollāh Davāmi. Tehran: Moassese-ye Farhangī - Honarī-ye Māhūr.

پایور، فرامرز(۱۳۷۵)، ردیف آوازی و تصنیف‌های قدیمی به روایت استاد
عبدالله دوامی، مؤسسه فرهنگی-هنری ماهور، تهران.

Talā'ī, Dāryūsh. 2015. *Tahlīl-e Radīf.* Nashr-e Ney. Tehran

طلایی، داریوش(۱۳۹۴)، تحلیل ردیف، نشر نی، تهران.

あとがき

　本書は、前著『イラン音楽——声の文化と即興』以降の研究成果の一部を、その間に発表した論文をいくつか含む形でまとめ直したものである。書き下ろしの第6章を除く各章の初出は以下の通りだが、掲載にあたってはいずれも必要に応じて改稿を施した。

第1章
「「個性」はいかに研究可能か（記述可能か）？——イラン音楽を事例とした一試論」『アラブの音文化——グローバル・コミュニケーションへのいざない』pp.216 – 229. 2010年2月. スタイルノート

第2章
"Verbal Rhythm and Musical Rhythm: A Case Study of Iranian traditional Music" *Indian and Persian prosody and recitation*. Nagasaki, Hiroko（Ed.）pp.59 – 69. 2012年1月. Saujanya Publications

第3章
「打弦楽器をめぐる試行錯誤——インド・イランのサントゥール」『季刊 民族学』（116号）pp.43 – 50. 2018年10月. 千里文化財団

第4章
「指で感じ理解すること——楽器間で異なる身体感覚の研究にむけて」『イラン研究（13）』pp.136 – 149. 2017年3月. 大阪大学大学院言語文化研究科言語社会専攻

第5章
「サントゥール演奏の新しい身体性——「楽器盤面の地政学」へ向けて」西尾哲夫 / 水野信男編『中東世界の音楽文化 うまれかわる伝

124

統』pp.98-115. 2016年9月. スタイルノート

　前著を2007年に上梓した後、2008年に初めて専任の職を得たこと
もあり、2009年2月に10年ぶりにイランを訪れることができた。よ
うやく新たなフィールドワークに継続的に取り組めると期待していた
ところに、同年6月の大統領選挙をめぐる混乱によりイランに行くこ
とがしばらく困難となってしまった。代わりに、と言っては何だが、
知り合いのイラン人のつてで、アメリカ合衆国カリフォルニア州サク
ラメントやサンフランシスコ近郊の在米イラン人音楽家のネットワー
クを「調査」「取材」すべく何度か渡米した。しかし結果としてそう
した研究テーマ——そしてそれが必要とするところの調査・取材方法
はあまり肌には合わず、従って成果に結びつくこともあまりなかっ
た。

　それはひとえに、かつて行っていたようなじっくりと一カ所に長
期的に腰を据えて、実際に音楽を学び、音楽と向き合う環境を作れ
なかった（≒そうした方法が必要となるような研究テーマを設定しなかっ
た）ことが一番の要因だろうと思う。「アカデミック」な世界の、演
奏することを研究の一環とは見做さない勢力を必要以上に意識し過ぎ
ていた、とも言えるのかもしれない。しかしこのことを一つの契機と
して、筆者は徐々に「演奏する自分」と研究活動とが本当に切り離せ
るのかを自問するようになっていった。そして授業においても、学問
としての民族音楽学だけではなく、自分にとってその内実の多くを占
めているイラン音楽・サントゥール演奏そのものをもう少し活かすべ
きではないのかという思いが強くなっていった。

　その後現在の勤務先では、学部再編を機に2018年からサントゥー
ルを中心としたイラン音楽の授業を開始し、またイランへの音楽短期
留学プログラムもスタートさせた。今思えば、一番の専門分野であり

自分にしか担当できない授業を（非常勤先ではすでに担当していたにも関わらず）本務校で担当していないのは単純におかしなことなのだが、そうしたことに気付くのにかなり時間がかかってしまった。

　そしてこうした変化と連動する形で（≒「演奏する自分」を研究の前面に押し出すことによって）本書では、前著では殆ど触れることが出来なかった「個性」の問題へともようやく一歩踏み出すことが出来た。これも、20代のうちは「イランの音楽家のように弾きたい」「イランの人々の感じ方に近付きたい」という思いが先行していたが、「演奏する自分」を中心とする以上いつかは突き付けられる「サントゥール（イラン音楽）を弾く自分はいったい何者なのか」という問いがよりヴィヴィッドなものになったがゆえの進展であろう。そしてその進展は筆者に、次の著作として、サントゥール奏法や練習法についての書籍出版をも決意させることとなった。イランではなく日本に生まれ育った筆者がそのようなテーマで執筆することなどかつては畏れ多かったが、自らの試行錯誤は広い意味で、何らかのかたちで他者の役に立つものと今では信じている。

　本書の出版にあたっては、スタイルノート社代表取締役社長の池田茂樹氏、具体的な編集作業には冨山史真氏に大変お世話になった。これまで共同研究の機会をいくつもくださった兵庫教育大学名誉教授の水野信男先生を始め、中東音楽の研究者が多く名を連ねている出版社から自著を出版できることを、そして筆者も何度も助けられてきた、後世の人間が広く参照できる書物という文化に微力ながら貢献できることを光栄に感じている。

2020年12月　谷正人

索引

人名

128

事項

130

◎著者略歴

谷 正人（たに・まさと）
大阪音楽大学およびイラン国立芸術大学（サントゥール）卒業。京都市立芸術大学大学院修士課程および大阪大学大学院文学研究科博士後期課程修了（音楽学）。
ファラーマルズ・パーイヴァル、スィヤーバシュ・カームカールらにサントゥールを師事。1998年第1回イラン学生音楽コンクールサントゥール独奏部門奨励賞受賞。
現在、神戸大学国際人間科学部准教授。著書に『イラン音楽——声の文化と即興』（青土社 2007年、第25回田邉尚雄賞受賞）、共著に『アラブの音文化——グローバル・コミュニケーションへのいざない』（スタイルノート 2010年、第28回田邉尚雄賞受賞）など。

イラン伝統音楽の即興演奏
——声・楽器・身体・旋法体系をめぐる相互作用

発 行 日　2021年1月24日　第1刷

著　　者　谷 正人
発 行 人　池田茂樹
発 行 所　株式会社スタイルノート
　　　　　〒185-0021
　　　　　東京都国分寺市南町 2-17-9 ARTビル 5F
　　　　　電話 042-329-9288
　　　　　E-Mail books@stylenote.co.jp
　　　　　URL https://www.stylenote.co.jp/

装　　幀　Malpu Design（清水良洋）
印　　刷　シナノ印刷株式会社
製　　本　シナノ印刷株式会社

© 2021 Masato Tani　Printed in Japan
ISBN978-4-7998-0190-1　　C1073

定価はカバーに記載しています。
乱丁・落丁の場合はお取り替えいたします。当社までご連絡ください。
本書の内容に関する電話でのお問い合わせには一切お答えできません。メールあるいは郵便でお問い合わせください。なお、返信等を致しかねる場合もありますのであらかじめご承知置きください。
本書は著作権上の保護を受けており、本書の全部または一部のコピー、スキャン、デジタル化等の無断複製や二次使用は著作権法上での例外を除き禁じられています。また、購入者以外の代行業者等、第三者による本書のスキャンやデジタル化は、たとえ個人や家庭内での利用であっても著作権法上認められておりません。